# Inhaltsverzeichnis

Bibliographische Information der Deutschen Bibliothek:

Die Deutsche Bibliothek verzeichnet diese Publikation in der Deutschen Nationalbibliographie; detaillierte bibliographische Daten sind im Internet über *http://dnb.ddb.de* abrufbar.




<u>Bildnachweise:</u>
S. 3/4, 16, 18, 21, 51, 58/59: Steirische Autoren
S. 7, 9, 10, 11, 37, 53, 60: Susanne Niebler
S. 12/13: Wikipedia
S. 16: Porträtfoto © Manfred Stangl
S. 16/17, 53: Pixabay
S. 21: Porträtfoto © Günther Marchner
S. 25: Helga Boyer von Berghof
S. 31: Elisabeth M. Jursa
S. 33: Dietwin Koschak
S. 41: Ingeborg Ortner


IMPRESSUM FEDER

<u>Herausgeber:</u>
Steirische Autoren
steirische-autoren@gmx.at
https://www.steirische-autoren.at

<u>Chefredaktion:</u>
Michael Benaglio (redaktioneller Teil)

<u>Auswahl der Mitgliederbeiträge:</u>
Petra Rasser

<u>Redaktionsteam:</u>
Petra Rasser, Elisabeth M. Jursa

<u>Lektorat:</u>
Elisabeth M. Jursa, Susanne Niebler, Norbert Leitgeb

<u>Satz, Layout:</u>
Susanne Niebler

<u>Titelbild:</u>
Susanne Niebler

<u>Wort-Bild-Komposition:</u>
Gestaltung und Foto: Susanne Niebler
Textauswahl: Michael Benaglio
Text: Novalis (getroffen im Café Hawelka in Wien)





Herstellung und Verlag: BoD - Books on Demand, Norderstedt


ISBN: 9 783757 827502

# *Begrüßung der Vorsitzenden*

Liebe Autorinnen und Autoren!
Liebe Freunde und Freundinnen!

**Der Verein der Steirischen Autoren
feiert heuer seinen 15. Geburtstag!**

Vorigen Sommer hat mich die Gründerin des Vereins der Steirischen Autoren und unsere Ehrenvorsitzende, Wentila De La Marre, gebeten, den Vorsitz des Vereins zu übernehmen, da Birgit Winkler, die ihn für die letzten zwei Jahre innehatte und ihn nicht nur wohlbehalten durch die beiden schwierigen Jahre der Coronazeit gebracht, sondern auch viel Energie für Förderungen und Modernisierung eingesetzt hat, aus privaten Gründen zurücktreten wollte.

Ich möchte an dieser Stelle beiden für ihren großen Einsatz danken, für ihre Hilfe und Anregungen sowie für die Geduld, die sie manchmal doch brauchen, wenn sich unsere Vorgehensweisen unterscheiden.

Ich danke auch meinem Vorstand, der stets tatkräftig hinter mir steht, dem Einsatz der Mitglieder, die für uns lesen, sowie unseren begabten Musikern und dem Federteam.

Besonders möchte ich mich auch bei Herrn Stadtrat Riegler und Herrn Michael Großmann für die Förderungen der Stadt Graz bedanken, die unsere Veranstaltungen möglich machen.

Last but not least danke ich euch allen, unserem Publikum, die ihr wieder zahlreich zu unseren Veranstaltungen kommt und bei unseren Lesungen zuhört!

Ich freue mich auf ein inspiriertes und erfreuliches Lesejahr, möge es ein wenig Licht in die Dunkelheit politischer Wirrnisse und ein wenig erholsame Dunkelheit in das gleißende Licht der technologischen Moderne bringen.

**Eure Petra Rasser**

Als stellvertretende Vorsitzende und vor allem als Schriftführerin des Vereins erhalte ich immer wieder Zuschriften und möchte die äußerst charmante Post unserer Ehrenmitglieder hiermit allen zugänglich machen:

<u>Frau Prof. Gloria Kaiser hat geschrieben:</u>

Liebe Frau Jursa,
Ohne lange Einleitung komme ich zum Punkt:
Bitte nehmen Sie mich aus der Liste der Lesenden.
In meiner beruflichen Tätigkeit hat sich vor etwa 4 Jahren ein Paradig-menwechsel ergeben; meine beiden Hauptthemen haben sich zum Wissenschaftlichen geweitet. Das ist für mich Freude, bedingt aber auch einen anderen Zeitplan.
Deshalb, ich kann und werde keinen Lesetermin wahrnehmen.

Gleichzeitig ist es mir ein aufrichtiges Anliegen zu sagen - die "Steirischen Autoren" sind eine wichtige Plattform für literarisch Schaffende.
Fortsetzung möge das Credo bleiben!

Für das Jahr 2023 wünsche ich Ihnen Gesundheit und Inspiration, und natürlich Energie und Begeisterung für all Ihre Tätigkeiten.

Mit liebem Gruß, Gloria Kaiser


<u>Herr Prof. Dietmar Grieser hat geschrieben:</u>

Dietmar Grieser
A-1030 WIEN, DANNEBERGPLATZ 20/13

Steirische Autoren

Verehrte Kollegin Jursa,

vielen herzlichen Dank für Ihre Anfrage.

Zu meinem großen Bedauern muß ich Ihnen mitteilen, daß ich außerstande bin, Ihrer ehrenvollen Einladung Folge zu leisten. Ich hatte mich - mit meinen knapp 88 Jahren - die längste Zeit ganz gut gehalten, bin aber nun doch so gebrechlich, daß an Reisen nicht mehr zu denken ist. Ich bitte Sie daher, mich aus Ihrer Programmplanung herauszunehmen.

Mit großer Dankbarkeit denke ich an die vielen Male, da ich - stets an der Seite der hochverehrten Wentila De La Marre - bei den Steirischen Autoren auftreten durfte. Aber alles hat eben seine Zeit. Und diese Zeit ist für mich nun vorüber.

Mit der Bitte um Ihr Verständnis und den besten Grüßen , auch an die Damen Winkler und Mund -

Ihr Dietmar Grieser

# Licht und Dunkelheit. Ein Wechselspiel im Lauf der Geschichte
Editorial des Chefredakteurs Michael Benaglio

Archaische Stammeskulturen integrierten sowohl die Dunkelheit als auch das Licht in ihr Weltbild und gesellschaftliches Leben. Tag und Nacht gehörten zusammen, konnten losgelöst nicht existieren. Mythen und Legenden rankten sich um die lichte wie die dunkle Seite der Schöpfung und des Alltags. In diesen Kulturen spielten Muttergottheiten, erotische Göttinnen und magische Erdwesen eine wichtige Rolle. Mit der patriarchalen Revolution, die lange Jahrhunderte vor den Römern einsetzte, begann eine zunehmende Spaltung zwischen den dunklen und lichten Bereichen der Existenz. Allmählich wurden in einem langen historischen Prozess der Dunkelheit und damit verbundenen mythologischen Wesen – der Mondgöttin, Hexen aller Schattierungen, der Erdgöttin etc. – negative Merkmale zugeordnet, während ein männlicher Sonnengott zum Alleinherrscher und Inbegriff des Guten avancierte. Waren diese Trennungen in der Antike in vielen Kulturen noch relativ fließend, so etablierte sich im christlichen Mittelalter und in islamischen Kulturen eine scharfe Trennung zwischen Licht und Dunkelheit, wobei der letzteren neben dem Teufel auch die Frau zugeordnet wurde. Aus dieser Polarisierung entstanden, mythologisch betrachtet, verwerfliche Strömungen wie Inquisition und Hexenverfolgung (die natürlich politischen Interessen dienten).

Die Verdrängung des Dunklen und mit ihr die Tabuisierung von Eros, Sexus und Natur bildete den tiefen psychologischen Nährboden für so manche fanatische politische Bewegung, die darauf abzielte, das absolut böse Dunkle „aus dem Volkskörper zu eliminieren".

Diese lebensfeindliche, zutiefst undemokratische Geisteshaltung treffen wir auch in politischen Strömungen der Gegenwart an.

Mit der Frauenemanzipation glättete sich in vielen gesellschaftlichen Bereichen die scharfe Trennung zwischen Licht und Dunkelheit. Weibliche Gottheiten gewannen neue Popularität in verschiedenen neuen spirituellen Strömungen. Nicht zuletzt wurden „Erde" und „Natur" aus ihren ideologischen Folterkammern befreit und gelten heute als neue „heilige" Begriffe, um die sich zahlreiche Schutzbewegungen scharen.

In der Literatur wurde in Laufe der Geschichte immer wieder das „Schöne", „Edle" hervorgehoben. Die Romantik verhalf der verdrängten Natur und der Dunkelheit zu neuen Ehren. Das Dunkle wurde dann in Moderne und Postmoderne im Menschen und in der Gesellschaft geortet. Viele schriftstellerische Werke thematisierten die dunkle Seite der menschlichen Seele, die allmählich fast alleinige Beachtung fand, während das „Schöne" als altväterisches Gebräu diskriminiert wurde. Zeitgenössische Literatur steht meiner Ansicht nach u.a. vor der Aufgabe, Licht und Dunkelheit wieder in einer konstruktiven Synthese zu vereinen und so der Ganzheitlichkeit des Lebens und des natürlichen Universums Ausdruck zu verleihen.

# Verdunkelung und Erleuchtung?

Petra Rasser

In früheren Zeiten war die Nacht dunkel. Es war gefährlich draußen, wo sich oft lichtscheues Gesindel mit bösen Absichten herumtrieb, man Räuber, Wölfe oder gar Vampire fürchten musste. Das Unbekannte machte Angst und trieb die Herde nah zusammen. Wer die Einsamkeit schätzte und sich - Gott behüte – nächtens in die Natur wagte, machte sich verdächtig, selbst kein ehrbarer Bürger zu sein, vielleicht sogar mit „dunklen Mächten" in Verbindung zu stehen.

Doch längst hat die Moderne Licht ins Dunkel gebracht, seit etwa 200 Jahren, da es elektrisches Licht gibt, sind zumindest die Großstädte des Nachts hell erleuchtet. Während man am Land wenigstens in der Nacht einige Stunden die Straßenlaternen ausschaltet, bleibt die Stadt hell:

Straßenbeleuchtung, Geschäfts- und Bürofassaden nehmen zu, gerade zur Weihnachtszeit erstrahlen überall die Lichterketten, denen Strompreise und Energiekrisenüberlegungen sichtlich genauso egal sind wie den Menschen, die sie anbrachten.

Wer jemals erfahren hat, wie wohltuend es sein kann, nicht dauernd der nächtlichen Lichtverschmutzung ausgesetzt zu sein, und gemerkt hat, dass sich die Augen dann erholen und sogar Symptome wie Nachtblindheit verschwinden, sieht das Dunkel mit neuen Augen.

So kann die allgemeine Illumination auch zur Verblendung führen und das allzu helle Licht macht genauso blind wie völlige Dunkelheit.

Es hilft halt nicht immer, sich für eine Seite zu entscheiden, oft zählt nur das rechte Mischungsverhältnis, zählen die Zwischentöne.

Deshalb haben wir der neuen Feder diesmal den Arbeitstitel: „Zwischen der Dunkelheit und dem Licht" gegeben, ich hoffe, er ist so frei, viel Platz für Zwischenräume und Töne, Graustufen und Farben zu lassen und die Kreativität anzuregen.

In neuen Welten ist manches möglich:

Vielleicht gibt es bald eine neue Art von Vampiren, die bei Neonlicht aufblühen, steht uns eine Neo- Romantik des Künstlichen bevor? Ich lade euch ein, mit eurer Fantasie nicht einmal vor dem guten Geschmack halt zu machen, dann geht ihr mit der Zeit....

# Licht und Dunkelheit
Wentila De La Marre

Ja, es gibt sie, die immerwährende Dunkelheit und das immerwährende Licht. Wir Menschen kennen es nicht anders, denn beide sind uns seit Anfang unseres Seins vertraut. Sie sind Teil unseres Lebens. Wahrhaftiges Sein einer Offenbarung, die so alt ist wie die Menschheit selbst und älter als die Gezeiten. Ja, älter als das Universum, um das sich alles rankt. Das Licht und die Dunkelheit sind sich ebenbürtig, denn beide wissen um ihre eigene Stärke, aber auch um die Stärke des anderen. Eng sind sie miteinander verbunden.

Das Gute, das Böse, diese Begriffe berühren sie nicht, denn sie kommen und gehen, wie sie es immer getan haben, kurzum, sie wechseln einander ab. Was täten wir ohne die Dunkelheit, was täten wir ohne das Licht? Fragen über Fragen und dazwischen die Dämmerung und in ihr das keimende Licht, Atem des Lebens. Das Kommen der Dunkelheit, die sich ausbreitet und Ruhe wie auch Geborgenheit schenkt. Und der Schlaf lässt uns neue Kräfte sammeln für das Hier und das Jetzt.

Das Gute, das Böse werden sehr oft dem Licht und der Dunkelheit zugeordnet. Es gibt viele Beispiele dafür. Lesen wir darüber in der Thora, der Bibel, dem Koran und vielen anderen Schriften. Das Licht und die Dunkelheit sind immer zugegen und werden oft als das Gute und das Böse benannt. – Das Licht von der Hoffnung, dem Glauben und der Liebe getragen, das Dunkel böse und schlecht. Aber lässt sich das alles so leicht definieren? Ich glaube nicht! – Was glauben Sie?

All diese vielen Fragen und wie lauten dann all die Antworten darauf? Zerbrechen wir uns darüber nicht den Kopf, denn ändern können wir es meist doch nicht und wenn, dann nur selten. Doch unser Hirn bietet uns einige Überraschungen, die wir heute noch nicht erkennen. Aber haben wir noch ein wenig Geduld, dann wird uns manches klarer und unser Blickwinkel erweitert sich …

Ich liebe das Licht, aber ich mag auch die Dunkelheit, denn beide bieten so vieles. Zum Beispiel einen wunderschönen Sonnenaufgang, ein wärmendes Licht oder einen Nachthimmel übersät mit tausenden Sternen – Ruhe und Schlaf. Ich will mir das Schöne bewahren, die das Licht und die Dunkelheit in sich tragen, all die Vollkommenheit ihrer selbst. – Wie steht es mit Ihnen? Was sagen Sie dazu? - Jeder von uns sieht, hört und spürt etwas anderes und das ist gut so. Wir sind Individuen und sollen es bleiben. Ich wünsche Ihnen im Erahnen, im Erspüren und Sichten des Lichts und der Dunkelheit die Wachsamkeit Ihres Seins und viel Glück.

# Licht und Schatten
Wera Köhler

Wo Licht ist, ist auch Schatten, ein geflügeltes Wort, das auf JOHANN WOLFGANG VON GOETHE zurückgeht. „Wo viel Licht ist, ist starker Schatten", ein Zitat aus „Götz von Berlichingen mit der eisernen Hand", 1773, welches Goethe Götz zu Weislingen im 1. Akt in den Mund legt. Das Prinzip dabei, Gegensätze bedingen einander, es ist das gleichzeitige Nebeneinander von beiden. Es gibt keinen Schatten ohne Licht, wo Schatten ist, ist auch Licht, das sollte uns klar sein. Alles hat zwei Seiten, kein Nachteil ohne Vorteil, keine Rose ohne Dorn, wo gehobelt wird, fallen Späne. Schatten bedeutet, dass es irgendwo Licht gibt, nach dem es sich zu suchen lohnt. ANTOINE DE SAINT-EXUPERY lässt im „Kleinen Prinz" die Rose beim Abschied vom kleinen Prinzen erkennen, dass sie fortan, trotz seiner Warnung, auch ohne Schutz der Glasglocke bleiben kann und entgegnet ihm tapfer: „Ich muss wohl zwei oder drei Raupen aushalten, wenn ich die Schmetterlinge kennen lernen will. Auch das scheint sehr schön zu sein. Wer wird mich sonst besuchen?"

Die Koexistenz von gleichzeitiger Gegensätzlichkeit umspannt unser gesamtes Dasein. Das spannendste Material im Universum, das Licht und sein „dunkler Bruder". LEO TOLSTOI sagt: „Die ganze Mannigfaltigkeit, der ganze Reiz und die ganze Schönheit des Lebens setzt sich aus Licht und Schatten zusammen." Und KONFUZIUS meint: „Es ist besser, ein einziges, kleines Licht anzuzünden, als die Dunkelheit zu verfluchen." Steckt in der Tiefe dieser beiden Zitate vielleicht doch ein wenig Zuversicht für ein besseres Morgen?

Schatten, ein Begriff, der fest in unserem Sprachgebrauch verwurzelt ist, in Metaphern verpackt, in Lebensweisheiten eingeflochten:

+ Wenn du deinem Schatten folgst, wirst du die Sonne niemals sehen.

+ Schaue immer in Richtung Sonne und alle Schatten werden hinter dich fallen.

+ Wo die Sonne nicht scheint, gibt es keinen Schatten, denn er wird aus dem Licht geboren.

+ Wenn die Sonne nieder steht, werfen selbst Zwerge lange Schatten.

+ Wer über seinen Schatten springt, sieht plötzlich die Sonne, weil Selbstüberwindung oft neue, ungeahnte Wege eröffnen kann.

+ Wer nur noch ein Schatten seiner selbst ist, sollte raschestmöglich Hilfe suchen.

+ Wenn ein Ereignis seine Schatten vorauswirft, dauert es nicht mehr lange, bis es eintrifft.

An einem heißen Sommertag im Schatten eines Baumes zu sitzen, zu lesen, zu träumen, dem Plätschern eines Brunnens zu lauschen, ach, ist das schön.

Wir wissen, dass Licht die höchste Geschwindigkeit im Universum erreicht. Daraus logisch folgend muss der Schatten ebenso schnell sein, somit ist die Schattengeschwindigkeit gleich der Lichtgeschwindigkeit.

Aber wo kommt das Licht ursprünglich her? Hier stehen sich zwei Kontrahenten gegenüber, Schöpfungsgeschichte und Evolutionstheorie. Hier die Wissenschaft, die Theorie vom Urknall als Anfangspunkt von Raum, Zeit, Licht, selbst für Physiker nicht leicht zu verstehen und dort für Gläubige die Entstehung des Lichts wie in der Bibel niedergeschrieben: „Am Anfang schuf Gott Himmel und Erde und Er sprach: Es werde Licht und es wurde Licht." Schatten gab es noch nicht. Der kam erst am vierten Tag durch die Sonne. „Gott setzte Lichter an das Himmelsgewölbe, damit sie über die Erde hin leuchten, über Tag und Nacht herrschen". Als am fünften Tag die Vögel erschaffen waren, huschten bereits deren Schatten mit ihnen über die Erde. Am sechsten Tag vollendete Gott die Schöpfung mit Tieren zu Land und dem Menschen.

Wann der Mensch sich dann aber das erste Mal Gedanken über seinen Schatten gemacht hat, was es auf sich hat, mit diesem dunklen Gebilde zu seinen Füßen, das jede kleinste Bewegung nachmacht, ihm auf Schritt und Tritt folgt, ein Doppelgänger vielleicht, ist schwer zu sagen. Ist es wirklich das „zweite Ich", die dunkle Seite, das Spiegelbild der Seele, die „Freiseele", wie vielfach in mythologischen Vorstellungen beschrieben? In zahlreichen vorchristlichen Kulturen finden wir Beweise, dass sich die Menschen schon sehr früh mit ihrem Schatten auseinandergesetzt haben.

Im Alten Ägypten hatten sogar die Götter einen Schatten und in der altgriechischen Mythologie ist „Erebos" Gott der Schatten. Im bekannten „Höhlengleichnis" von PLATON sehen Menschen in einem Raum hockend nie etwas anderes als vorbeihuschende Schatten an der Wand und halten das, was sie sehen, für real. In Wahrheit aber sehen sie nur die Abbilder einer Welt, so das Gleichnis, den Abklatsch des Scheins, eine Täuschung.

Im Schattentheater hingegen werden ausgeschnittene Figuren, meist aus Holz oder Pappe, hinter einer beleuchteten Leinwand bewegt. Wahrscheinlich bereits in der Frühgeschichte als theatrale Sprache in China sowie im asiatischen Raum entwickelt, kam das „Spiel mit dem Dunkel" über Persien, Arabien, Türkei nach Europa und erlebte einen Höhepunkt in Frankreich, wo es heute noch außerordentlich beliebt ist. In Deutschland kam diese Kunst in der Romantik zur Blüte und Goethe, Brentano, Uhland, Mörike u.a. schrieben Stücke für Schattentheater. Durch die Weiterentwicklung der Lichtquelle von Öl und Fackel, über Glühbirne zu Halogenlicht, neuer Techniken, ausgetüftelter Systeme steht dem Schattentheater die Zukunft weit offen.

In den Naturreligionen Afrikas, Asiens, Südamerikas spielt der Schatten heute noch eine bedeutende Rolle. Auch nach unserem Volksglauben gilt der Schatten als lebenswichtiger Bestandteil, der zum Wesen eines Menschen gehört, und ist der Schatten weg, ist auch die Seele verloren, der Mensch keines Mitgefühls fähig, von der Gesellschaft ausgeschlossen, geächtet. Dieser Verlust des Schattens taucht häufig als Grundmotiv in der europäischen romantischen Literatur des 19. Jh. auf.

HUGO VON HOFMANNSTHAL verfasste den Text zur Oper „Die Frau ohne Schatten", in der eine schattenlose Kaiserin mit abgründigen Mitteln versucht, einen Schatten zu bekommen, da sie ohne Schatten unfruchtbar ist. ADELBERT VON CHAMISSO hingegen verfasst das Kunstmärchen „Peter Schlemihls wundersame Geschichte", in dem der Titelheld vom Teufel im Tausch gegen seinen Schatten einen Goldsack erhält, der nie versiegt. Ohne Schatten aus der Gesellschaft ausgeschlossen und verspottet, verlangt er ihn zurück, bekommt ihn aber nur, wenn er seine Seele dem Teufel überlässt. Im Märchen „Der Schatten" von HANS CHRISTIAN ANDERSEN entwickelt der Schatten eines Gelehrten ein unbezwingbares Eigenleben, wird körperlich und übernimmt die Rolle des Gelehrten. Dieser hat ihm fortan als Schatten zu dienen und wird schlussendlich durch ihn zu Tode gebracht.

Ganz anders in einem beliebten Kinderspiel. Hier muss es dem Schattengeist gelingen, auf den Schatten einer Person zu springen, um sie zu bannen. Wird diese von jemand anderen berührt, ist sie wieder frei.

Sonnenuhren zählen bekanntlich nur die heiteren Stunden und zeigen seit der Antike durch den Schatten ihres Polstabs auf einem Ziffernblatt die wahre Sonnenzeit an.

# Mehr Licht!

Susanne Niebler

*„Nichts Schönres unter der* **SONNE** *als unter der Sonne zu sein …“*, dichtete Ingeborg Bachmann und hielt die Sonne *„zu weit Schönrem berufen als jedes andre Gestirn“*. Und auch Echnaton preist schon vor langer Zeit in seinem Hymnus die Sonne, deren *„Strahlen alle Felder säugen und die die Jahreszeiten schafft, um alle Geschöpfe sich entwickeln zu lassen“*.

Ja, bereits unsere Vorfahren in ferner Vergangenheit wussten, dass das Licht und die Wärme der Sonne unentbehrlich sind. In verschiedensten Mythen wurde die Sonne verehrt. Und das Licht ist auch das erste, was laut biblischem Schöpfungsbericht erschaffen wurde. Aus der Finsternis heraus oder in sie hinein? Licht und Finsternis wurden geschieden und existieren nun abwechselnd. Nicht auszudenken aber, wenn nur Dunkelheit wäre oder nur Sonne und Helligkeit! Wir leben in vielerlei Gegensätzen, durch die wir das eine vom anderen unterscheiden können. Dazwischen liegt etwas Dämmriges, ein „Zwischending“, ein Weder–Noch, das uns aber vom Entweder–Oder wegführt – ein Mittelweg, ein Schattenreich.

Der Schatten aber ist nicht unser Gegner, er ist der dunkle Bruder, den wir brauchen, um unser Licht und deren Quelle zu erkennen. Und obwohl wir Menschen Schattenwerfer sind und ein Hindernis für alles Licht darstellen, auch für das göttliche, können diese Schatten uns zum Ursprung lenken.

Wir, vielleicht berufen, Lichtwesen zu sein oder zu werden, erblicken das Licht der Welt. Doch was schauen wir, wenn wir das Dunkel vor der Geburt verlassen und hineinwachsen in das Leben? Welches Licht bietet uns diese Welt?

Der Mensch fürchtet das Finstere und hat es geschafft, Licht in die Dunkelheit zu bringen mit Hilfe technischer Mittel. Und trotzdem leben wir in „finsteren Zeiten“. Selten war die Welt durch künstliches Licht so hell wie heute – wir sprechen bereits von Lichtverschmutzung – und doch erscheint vieles düsterer denn je.

Oftmals aber ist bereits ein kleines Licht von großer Wirkung und Bedeutung wie in folgender Geschichte:

*Ein König will einen seiner beiden Söhne als Nachfolger berufen und stellt ihnen eine Aufgabe: Sie sollen eine Halle füllen. Der erste Sohn bringt jede Menge nutzloses, ausgedroschenes Zuckerrohr in den großen Raum, der zweite stellt nur eine kleine* **KERZE** *in die Mitte, und diese erleuchtet die ganze Halle bis in den letzten Winkel.*

Wahrlich, eines der schönsten Symbole für den Himmel und einen Geist in Einheit ist ein Lichtermeer aus vielen Kerzen. Das Licht wird an einer Flamme entzündet und weitergegeben. Jeder empfängt das Licht von einem anderen, und jede/r schenkt das Licht weiter – und behält es trotzdem. Und gemeinsam leuchten wir heller und glanzvoller.

Eine besondere Licht-Geschichte erlebte ich in kriegerischen Zeiten in Palästina: In der Osternacht entzündeten wir im Garten das Licht der Auferstehung, während ein starker Wind wehte und rings um uns in der Nähe immer wieder Bomben explodierten. Ich durfte das Kerzenlicht während der Prozession ins Haus tragen, der Wind wollte es mir aber immer wieder ausblasen. Doch ich konnte das Licht nach drinnen retten, es trug letztendlich mich, und die schützende Hand war nicht verbrannt.

Brennendes und wärmendes Licht begegnet uns im **FEUER,** das die Menschen schon immer faszinierte. Bereits unsere Vorfahren wussten um die Lebensnotwendigkeit dieses „Göttergeschenkes" und lernten mit der Zeit, selbständig Feuer zu erzeugen.

„Mehr Licht!" soll Goethe in seinem Sterbemoment gerufen haben.

Mehr Licht brauchen auch wir vor allem heute in ideellem Sinne in Form von mehr sonniger Liebe, mehr herzlicher Wärme, mehr strahlender Lebensfreude und dem Wunsch, sich gegenseitig Licht zu schenken und in der Dunkelheit zu leuchten, aber auch die Finsternis gemeinsam auszuhalten.

„Die Macht, und zwar jede Macht, fürchtet nichts mehr als das Lachen,
das Lächeln und den Spott."
(Dario Fo)

# Ein Enfant Terrible als Literaturnobelpreisträger
## DARIO FO
Michael Benaglio

Selten wirkte in der Zeit nach 1945 ein derart unangepasster Künstler wie Dario Fo, Dramatiker, Regisseur, Bühnenbildner, Komponist, Maler, Schauspieler und Literat. Er legte sich kompromisslos und genüsslich mit den politisch Mächtigen seiner Zeit an, musste ca. vierzig Mal aus diesem Grund vor Gericht, öfters wurde er gleich direkt von der Bühne abgeführt. Zu seinen Gegnern zählten Katholiken und Kommunisten – ein vergleichbares Schicksal erlitt Pier Paolo Pasolini. War Fo auch durch den italienischen, kommunistischen, antifaschistischen Widerstand seiner Eltern geprägt, verweigerte er sich dennoch schnell allen ideologischen Zwängen.

Fo liebte es, sich als Possenreißer, Clown, „Hanswurst" und Satiriker zu sehen. Die politische Rebellionsstimmung der italienischen sechziger und siebziger Jahre ermöglichte die Auftritte des Künstlers, der seine Inspiration im traditionellen Theater der Commedia dell'Arte und deren gesellschaftskritischen Texten fand. Erstaunt zeigten sich Medien und Fachwelt, als der Unangepasste 1997 den Literaturnobelpreis erhielt. Begründung des damals noch nicht skandalgeschüttelten Nobelpreiskomitees: Er sei ein großer Schriftsteller, „der in der Nachfolge der mittelalterlichen Gaukler die Macht geißelt und die Würde der Schwachen und Gedemütigten wieder aufrichtet".

Nun erstaunt es, dass ein politisch schwer einordbarer Aktivist wie Dario Fo starke spirituelle Ambitionen aufwies. Nicht nur pflegte er jenseitige Inspiration von seiner geliebten, verstorbenen Frau Franca Rame, mit der er siebzig Stücke schrieb, zu erhalten – so seine Überzeugung. Wie etliche italienische revolutionäre Künstler der sechziger Jahre – man denke an Pasolini, blieb Fo dem Katholizismus verhaftet, allerdings in extrem kritischer Haltung. Der bekennende Atheist verlor nie das Interesse für das weite Gebiet des Spirituellen. So sinnierte er öffentlich über den Tod: „Der Tod soll sich ruhig Zeit nehmen, doch fürchten tue ich ihn nicht. Für den menschlichen Verstand ist der Gedanke unerträglich, dass wir für immer verschwinden werden. Wir sind Staub, sagt mir der Verstand. Doch die Fantasie, ein Wahnsinn bescheren mir Visionen einer anderen Dimension." Und über das erhoffte zukünftige Treffen mit seiner Frau im Paradies meinte er: „Die Aussicht, Franca in einem Garten wiederzufinden, in dem wir beide in Bäume verwandelt sind, sie mit goldenen Blättern in der Farbe ihrer Haare, ist wunderbar."

Der 1926 geborene Dario Fo erlangte weltweite Berühmtheit, auch wenn der unermüdliche politische Aktivist das Amt des Mailänder Bürgermeisters, welches er im Rahmen einer linksliberalen Partei anstrebte, nicht erringen konnte. Er engagierte sich für die Fünf-Sterne-Bewegung. Auf die Frage: „Dario Fo gegen Silvio Berlusconi – der Kampf der Giganten?" antwortete er: „Ich würde es nüchtern ausdrücken: Wettstreit zweier Berufskomiker."

Als Fo 2016 starb, meinte der damalige italienische Ministerpräsident Matteo Renzi: „Mit Dario Fo verliert Italien eine seiner großen Hauptfiguren des Theaters, der Kultur … Seine Satire, seine Recherche, seine Arbeit auf der Bühne, seine vielseitige künstlerische Tätigkeit bleiben als Erbe eines großen Italieners in der Welt."

Ihm zu Ehren gab es eine Schweigeminute im Senat in Rom.

Quelle u.a.: orf.at/stories, 13.10.16
De.wikipedia.org, 17.1.23
Diverse Publikationen von Dario Fo

### Zitate von Dario Fo

Im Gelächter
liegt der höchste Ausdruck
des Zweifels.

Satire ist Satire und hat nichts mit Propaganda zu tun.
Satire ist das schlechte Gewissen der Macht.
Wer auch immer regiert,
er wird automatisch zur Zielscheibe der Satire.

Wenn es keine Skandale gäbe, müsste man sie erfinden,
weil sie ein unentbehrliches Mittel sind,
die Macht der Mächtigen zu erhalten und
den Unmut der Unterdrückten fehlzuleiten.

Selbstverständlich ist jede Ähnlichkeit mit aktuellen Tagesereignissen
gänzlich unbeabsichtigt; es ist ja bekannt,
dass die Klassiker stets schamlos die Skandale und Persönlichkeiten
der Chronik unserer Tage kopiert haben!

# Dave von Raphaela Edelbauer,
## (Klett-Cotta 2021)

Rezension von Anton Christian Glatz

Hat Österreich endlich wieder einmal ein erzählerisches Talent von internationalem Format? Jedenfalls wird aktuell Raphaela Edelbauer mit einschlägigen Lorbeeren überschüttet. Was steckt dahinter? Die Autorin legte mit ihrem Erstlingsroman „Das flüssige Land" (Klett-Cotta 2019) einen fulminanten Start als Schriftstellerin hin. Rechtzeitig bevor die literarische Welt ihren Namen vergessen hätte bzw. solange der Verlag auf einen ausreichenden Bekanntheitsgrad setzen konnte, erschien zwei Jahre später der Nachfolger: „DAVE". Dafür erhielt Edelbauer den Österr. Buchpreis 2021. Über die Autorin und ihr Buch kursieren in der Zwischenzeit eine Reihe von Videos, die im Internet, z. B. auf you tube, zur Verfügung stehen. Ob es nützlich ist, sich dieses Material vor der Lektüre anzusehen, sei ausdrücklich dahingestellt. Schließlich ist zu befürchten, dass die Frage, ob einem die Autorin sympathisch ist, den unvoreingenommen Zugang zum Buch beeinträchtigen könnte.

Geht es bereits beim Erstling „Das flüssige Land" um ein altbewährtes Thema, nämlich die typisch österreichische Verdrängung der Nazivergangenheit, wird auch diesmal wieder ein erfolgversprechender Themenkomplex bedient: künstliche Intelligenz, totale Überwachung, Programmierung, Computer-Algorithmen etc.

Dass ein solcher Text in der Zukunft angesiedelt ist, und daher wenigstens im Großen und Ganzen als Sciencefiction (SF) zu klassifizieren ist, liegt nahe. Bei „DAVE" handelt es sich dabei jedoch um keine klassische SF, dafür fehlen einige wichtige genrekonstitutive Elemente wie Roboter, Raumschiffe, Außerirdische usw. Ob man dies als Mangel empfindet, ist eine der vielen weiteren Fragen, die ich einlade, selbst zu beantworten. Wem seine Perry-Rhodan-Hefte ans Herz gewachsen sind, wird mit Sicherheit enttäuscht werden.

Was erzählt uns „DAVE"? Es geht um den Programmierer Syz, der in einem riesigen Labor arbeitet. Dort soll eine künstliche Intelligenz, ausgestattet mit einer Höchstleistung an Rechenkraft und letztlich menschlichem Bewusstsein, eben DAVE, entwickelt werden. Der Verlag schreibt: „Dann allerdings bringen zwei Ereignisse Syz' geregeltes Leben ins Wanken. Erstens, Syz verliebt sich in eine junge Ärztin, und zweitens, DAVE droht ein Totalausfall.

Der Strudel, in den Syz in der Folge gerät, katapultiert den Programmierer in die unmittelbare Nähe zur Machtzentrale.

Während das Labor in blinder Technikgläubigkeit weiterhin auf die Verwirklichung der künstlichen Superintelligenz hinarbeitet, taucht Syz tief in die Geschichte des Labors ein und versucht herauszufinden, wessen Interessen DAVE am Ende eigentlich dient."

Das klingt fürs Erste recht ansprechend, gleichwohl der SF-affinen Leserschaft wenig neu. Die Originalität ihrer Themen ist definitiv nicht Edelbauers Stärke, allenfalls, wie sie diese aufbereitet. Dies geschah bei „Das flüssige Land" dadurch, dass die „Vergesslichkeit" der österreichischen Gesellschaft bezüglich ihrer Nazi-Vergangenheit durch ein riesiges Loch, das alles zu verschlingen droht, metaphorisiert wurde. Welcher Sprache bedient sich Edelbauer in „DAVE"? Stilbestimmend sind hypotaktischer Satzbau, der zu überlangen Sätzen führt, sowie gewisse stilistische Eigenheiten, für die folgender Satz als Beispiel dienen möge: „Wie stets, wenn ich die Tür zu meinem Zimmer hinter mir schloss, fiel alles Unangenehme von mir ab, als könnte die Ummantelung meiner zum Hibernieren bereiten Koje alles abwehren. Nichts penetrierte diese Tür …" Wenn derlei Formulierungen nicht jedermanns Geschmack sind, habe ich vollstes Verständnis. Ich gestehe, dass ich ebenso zuerst im Duden nachschlagen musste, was unter „hibernieren" zu verstehen ist: einen Winterschlaf abhalten. Mir drängt sich Arthur Schopenhauer auf, der gesagt hat: „Man gebrauche gewöhnliche Worte und sage ungewöhnliche Dinge." Die meisten der Gegenwartsautor:innen machen just das Umgekehrte.

Ohne Zweifel ist die Autorin eine blitzgescheite, hochgebildete junge Frau (Jahrgang 1990) und lässt sich kaum eine Gelegenheit entgehen, dies durchblicken zu lassen. So finden sich immer wieder Rückblicke in die Geschichte der EDV bzw. der IT eingestreut. Diese sind eher für die Fachwelt von Interesse als für mich als Otto Normalverbraucher, zumal derlei Einschübe die Erzählung nicht vorwärtsbringen, sondern das Handlungstempo drosseln. Ob man Edelbauer das als Snobismus ankreiden soll, sei – wieder einmal – jedem selbst überlassen.

Was in früherer SF als Befürchtung artikuliert wurde, hat sich inzwischen als Erkenntnis durchgesetzt: Die fortschreitende Digitalisierung bringt nicht nur Vorteile, sondern türmt durchaus bedrohliche Schatten auf. Insofern ist „DAVE" zukunftsweisend und die Beschäftigung mit den Themen (in irgendeiner Form) ein Gebot der Stunde; oder sollte dies zumindest sein.

Ob „DAVE" die, aus meiner Sicht längst überfällige, Erneuerung des Genres initiieren wird, muss ich leider bezweifeln. Bekanntlich ist es um die SF in der Literatur schlecht bestellt, wird sie doch vielfach als trivial missverstanden. Im Kinosaal hingegen feiert das Genre fröhliche Urständ, besonders weil sich eine Menge überwältigender Effekte dank Dolby Surround und 3D publikumswirksam darstellen lassen. Das sind Möglichkeiten, die einem ausgedruckten Text verwehrt bleiben. Vor diesem Hintergrund wäre mir eine literarisch hochwertige und trotzdem erfolgreiche SF sehr willkommen. Seriös gemeinte SF hat nun einmal auch eine Kassandra-Funktion. Von allen sprachlichen und unterhaltenden Ambitionen abgesehen muss sie darüber hinaus einen kritischen Blick in eine Zukunft werfen, die angesichts von Umweltkrise, Globalisierung usw. eine stolze Palette von Themen beinhaltet, die durchaus tendenziell bedrohlich sind. So gesehen gilt es, Dunkelheit und Licht auszuloten. Stattdessen wird lediglich spannende Unterhaltung gebracht. Eskapismus, beklage ich und meine damit genau das, wessen sich klassische SF verweigert. In diesem Spannungsfeld positioniert sich „DAVE" als ein Buch, das sehr wohl die Lektüre wert ist.

Wie oft bei Literatur, die im Mittelpunkt der öffentlichen Aufmerksamkeit steht, klaffen auch bei „DAVE" die Urteile der Kritiker und des Publikums weit auseinander. So schreibt etwa Catrin Misselhorn am 29. Dezember 2021 in der Süddeutschen Zeitung: „Raphaela Edelbauer zündet in diesem Buch ein intellektuelles Feuerwerk, das philosophische Reflexion, Ironie und politische Satire verbindet und die großen Fragen zum Gegenstand hat, was uns Menschen ausmacht und ob man es in eine Maschine bringen kann." Oder Renzo Wellinger (PNP, 08. Mai 2021): „Ein surrealistischer Science-Fiction-Roman mit einem filmreifen Showdown."

Im Gegensatz dazu verschaffen viele Leser z. B. via Rezensionen auf amazon ihrem Unmut über „DAVE" wie folgt Luft: „Hunderte von Seiten wird angedeutet, dass der Leser in diesem „Sachroman" endlich erführe, was Künstliche Intelligenz leisten kann.

Kommentare wie „brillant recherchiert" ... „spannend" usw. der FAZ, SAZ usw. werden gleich mitgeliefert. „Doch nach extrem langweiliger Lektüre erfährt man erst auf den letzten Seiten, dass ..." Eine andere Rezension lautet: „... kann ich nur sagen, dass ich es sehr schade finde, dass für ein solches Werk, Bäume geopfert wurden, ..."

Persönlich liegt mir ein anderer Umstand etwas unverdaulich im Magen: Wie der Volksmund weiß, liegt die Würze in der Kürze. Kürze zwingt nämlich dazu, wesentlich zu sein (und zu bleiben!). Deswegen bin ich ein erklärter Freund der Novelle, die Erzählerisches in verdichteter Form bringt. Von dieser Würze indes entdecke ich bei „DAVE" eindeutig zu wenig, aber das ist (m)ein persönliches Geschmacksurteil. Es hängt wahrscheinlich damit zusammen, dass in unserer Kultur das Wort „viel" positiv konnotiert ist, und es daher als erstrebenswert angesehen wird, viel zu schreiben. Im Gegensatz dazu werde ich nie müde, zu betonen, dass es nicht die Menge macht. Das Wort Dichtung kommt vom Verdichten, also der Straffung der Geschehnisse, sonst hieße es ja Breitung.

Auf die Frage, ob ich „DAVE" empfehle – was sollte ich antworten? Ein Buch zu empfehlen ist ähnlich riskant, wie einen Klempner. Geht „es schief", wurde zu viel Zeit investiert, besonders bei einem Roman über 430 Seiten, und Zeit ist kostbar, wie wir alle bestens wissen. Mir ist bewusst, dass viel Publikum von der zwangsläufig technokratischen Atmosphäre von SF abgestoßen wird und sich lieber mit einer psychologisch subtil ausdifferenzierten Beziehungskiste beschäftigt. Daher werde ich weder an- noch abraten, das Buch zu lesen. Vielmehr ist mein Anliegen, den Hauptplot, die Charakteristika des Textes sowie die Bandbreite der Reaktionen zumindest soweit anzudeuten, dass alle Interessierten für sich selbst entscheiden können, ob sie es mit „DAVE" versuchen. Last, but not least entdeckt jeder Lesende in einem Text sich selbst. Wie oft sagt das, was jemand über ein Buch berichtet, mehr über ihn selbst aus, als über das Buch?

„DAVE" bietet eine beklemmende Schau in eine mögliche Zukunft, in der wir mit Sicherheit die Begriffe Dunkelheit und Licht in einer erneuerten Version definieren müssen. Und die Öffentlichkeit hat mit Raphaela Edelbauer ein vielversprechendes erzählerisches Talent entdeckt, das hoffentlich nach dem Motto learning by doing die individuelle literarische Stimme zur vollen Reife führen wird. Ob es gelingt, wird sich weisen.

# *Stangl Manfred (Gastautor)*

## Lanzarote meine Liebe

Dein lichter Mantel aus ewigem Frühjahr
und dem Flügelschlag des Engels der Vulkane
hüllt wenigstens meine Erinnerung warm.
Schwarz und Weiß sind deine Farben
für den fortwährenden Touristen.
Steigt man in deine Jameos und Vulkane hinab
wandelt sich das Basaltschwarz in Anthrazit und rauchiges Grau.
Rötlich schimmern die Wangen deiner Vulkankegel
mit grünem Flaum der Flechten hauchzart bedeckt.
Silbern der Strand vom Muschelsand
an der Playa Dorada, und golden glänzt das Licht
an den Papagayos, den schönsten Stränden der Kanaren
benannt nach einem gestrandeten Piratenschiff.
Papageien sieht man in Arrecife, der weißen Stadt am Meer
die mein reisendes Herz gefangen hält.
Dazu gelbe Kanarienvögel in den Akazien und Tamarinden,
den weiten Stadtstrand gesäumt von Palmen
und einer Promenade die reicht bis ins Licht.

**Deine Vulkangipfel ragen in einen unverbauten Himmel
wie Pyramiden errichtet von den ältesten Göttern der Erde selbst.
Die Göttin der Felsen und des Feuers
weihte dich in mystischer Ekstase, mahnend uns Menschen,
das Leben nicht zu vergeuden.
Manrique, der Meister der Insel
versöhnte Kunst und Natur, womit er liebend vollbrachte
was moderne eitle Zeiten eilig zerbrachen.**

Die breiten Schatten deiner Vulkane
bedecken die Lavaflächen, kilometerbreit
aufgewühlt liegen sie brach da
als hätten Himmelswildschweine unter ihnen
nach tonnenschweren Pilzen und Wurzeln gewühlt
während an deinen Stränden
mit zarten, kleinen Schritten die Strandläufer trippeln
die süßesten Töchter der schwarzweißen Muttergöttin
in ihrem ewigen Tanz mit den Wellen.


**Teguise, die Stadt der Träume und Legenden**
**lacht mit den weißen Zähnen der Häuser**
**in denen sich erdig dunkel der Schlund der Vergangenheit auftut**
**schwarze, gewaltige Balken, Räume wie aus Tausendundeinernacht**
**Galerie an Galerie reiht sich an den sonnennahen Straßen, Tuch an**
**Tuch, Farbe an Farbe, und die Patios quellen über vor reifer Frucht.**
**Bougainvillea, Palmen, Agaven, Strelitzien, Avocados, Papayas**
**und das offene Lachen einer glücklichen Frau.**


Der alte Hafen Playa Blancas:
nun den Fähren und Fischerbooten übereignet, sie bringen
Meeresfrucht und Orangen, Melonen, Karotten und Zwiebel
wohlschmeckende Erdäpfel vom Inselreich.
Das Tuten der rückwärts anlegenden Schiffe
wann höre ich es wieder?
Wann sehe ich die zartgefiederten Tamarinden
in der Calle Limones, die Schatten und das dort
so andere Licht?
Gott sei Dank spitzen am Weinberg hier die Mandeln
und der Goldregen schon ihre Lippen zum Frühlingskuss.
Der Süd weht einen Gruß von dir
und Consuela Sombra de la Luna
unser Mond-Schatten Katzerl – Trösterin in arger Not
gurrt uns liebend entgegen.

# Im Gespräch
# mit dem Schriftsteller und Herausgeber
# Christian Teissl

Elisabeth M. Jursa

*Vielen Dank, dass Sie sich Zeit für das Gespräch nehmen. Wann haben Sie die Liebe zur Literatur entdeckt bzw. wie sind Sie zum Schreiben gekommen?*
Ich glaube in der Rückschau, dass die Hinwendung zu den Wörtern stärker war als die Hinwendung zu den Büchern. Ich war in der Jugend kein ausgesprochener Bücherwurm. Das ist erst später gekommen, eigentlich mit dem Schreiben.

*Sie haben zu dieser Zeit auch Germanistik studiert.*
Ja. Das war eine ganz starke Zeit des Lesens. Da habe ich viel mehr aufgenommen als vorher.

*Haben Sie bereits während des Studiums geschrieben?*
Schon während der Schulzeit habe ich erste Versuche unternommen. Der Drang zu den Abenteuern meiner Handschrift war stark, war bereits erkennbar. Es ist interessant, wie viel zu dieser Zeit schon sichtbar war an Stärken und Schwächen, am Interesse an Vergangenem. Das Gefühl für Orte, auch das Interesse an Lokalgeschichte. Und dann war es für mich ein Glück, dass ich in Graz wohnte und Anschluss gefunden habe an etwas Ältere – ich war immer der Jüngste damals – und das hat eine große Rolle gespielt.

*Waren diese Älteren eher Vorbilder oder waren sie Kollegen?*
Teils, teils oder beides zugleich. Für mich war damals vor allem Lyrik wichtig, obwohl ich immer auch Prosa geschrieben habe. Und ich habe von einem Roman geträumt. Dazu ist es aber nie gekommen, weil ich eher ein Mann der kleinen Form bin, mir liegt die kurze Strecke. Ein Portrait auf fünf Seiten, eine Glosse, ein kurzer Essay oder eben diese Morgengedanken, das ist wieder eine kleine Form. (*Im Februar war Christian Teissl Verfasser von Texten in der Ö1-Sendung „Gedanken für den Tag“.*)
Ich habe Alois Hergouth noch persönlich kennengelernt. Das war für mich der Eintritt in die steirische „Autoren-Landschaft“. Ich habe nur wenige Gleichaltrige gekannt, die schreiben. Generell muss ich sagen – und das gilt nicht nur für das Literarische, sondern überhaupt – haben Kontakte zu wesentlich Älteren immer eine größere Rolle gespielt als Kontakte zu Gleichaltrigen. Ich weiß nicht, warum das so ist.
Ich erinnere mich an folgende Situation: Ende der 1990er, ich war 20 Jahre alt und habe damals den Grazer Förderpreis bekommen. Das war die Szene rund um die LICHTUNGEN. Dann hat sich daneben ein Kreis gebildet mit Studienkollegen an der Grazer Universität mit vorwiegend Gleichaltrigen. Einer von ihnen war übrigens Dietwin Koschak (*Mitglied unseres Vereins*). Wir haben eine Zeitschrift gegründet mit dem lustigen Namen ELF, weil wir elf Leute waren. Es war die Zeit, in der man den 1970ern nachgetrauert hat, denn die „Alten“ waren bereits „Mythen“ und die „Neuen“ noch nicht da.
Eine meiner frühesten Veröffentlichungen war das Gedicht „Erinnerte Rosen“ in einer Anthologie der damaligen Lektorin des Styria Verlages, Elke Vujica. (*Auch unser Ehrenmitglied Gloria Kaiser ist in dieser Anthologie vertreten.*)

*In Ihrem Gedichtband „Umkreisungen des Namenlosen“ ist mir die Zahl 11 aufge-*
*fallen. Jedes Kapitel besteht aus elf Texten: 11 Paraphrasen, 11 Gedichte, 11 Skiz-*
*zen. Hat das mit dem Namen Ihrer damaligen Zeitschrift zu tun?*
Ein Zyklus 3 x 11. Bei den „Umkreisungen des Namenlosen“ war es so, dass ich eine
Handvoll religiöser Gedichte hatte, was für mich etwas Neues war. Poesie und Religion
sind sehr nah verwandt. Religiöse Rede und poetische Rede kommen ja aus derselben
Wurzel und ich glaube, dass liturgisches Reden, wie ich es als Kind erlebt habe, mein
Gefühl für lyrische Sprache, mein Rhythmusgefühl sehr geprägt oder erst geweckt hat.

*Inzwischen sind nicht nur zahlreiche Bücher verlegt worden, es wurden auch Ge-*
*dichte vertont.*
Ja, mehrfach. Ein in Graz lebender und ein Münchner Komponist haben Texte vertont,
die alle aufgeführt wurden.

*Ein Schwerpunkt Ihres Schaffens ist ja auch, Dichter und Dichterinnen vor dem*
*Vergessen zu bewahren. Nach welchen Kriterien wählen Sie diese aus? Und be-*
*ginnt das Schreiben, das Zusammenstellen eines Buches aufgrund Ihres Interesses*
*oder liegt Ihren Recherchen bereits der Auftrag eines Verlages zugrunde?*
Alfred Gesswein – von ihm stammen das alte Logo des ÖSV (Österreichischer Schrift-
steller/innen-Verband) sowie auch das Podium-Logo – das war ein Auftrag. Auch das
Rosegger-Buch war ein Auftrag. Ganze Buchprojekte sind auf mich zugekommen.

*Sie sprechen vom Buch: "Der langsame Abschied des Peter Rosegger".*
Das ist der Untertitel. Der Titel ist: „Man kommt sich vor wie in der Wüste“.
Wenn ich essayistisch über Dichter schreibe, ist es mir immer wichtig, dass ich nicht be-
lehrend wirke, sondern dass meine Sprache einen poetischen Charakter hat. Obwohl ich
immer wieder zitiere und erkläre, glaube ich doch, eine Art persönlichen Stil entwickelt
zu haben, eine persönliche Art über andere zu reden. Egal ob sie vergessen oder bekannt
sind. Es ist meine Art, einen Text über einen Text, ein Werk über ein Werk zu schreiben.
Ich benutze natürlich das Werkzeug der Wissenschaft. Aber der Text, der unterm Strich
herauskommt, ist ein literarischer Text.

*In diesem Rosegger-Buch findet sich das Zitat: "Unsere Zeit straft die Irrtümer, die*
*wir seit Jahren gemacht haben. Unser Denken, Wissen, Wollen, Handeln, Politisie-*
*ren, Kritisieren, Voraussagen, es war alles falsch ... Schwankend zwischen Hoff-*
*nung und Verzweiflung blickt Peter Rosegger einer ungewissen Zukunft entgegen,*
*die er nicht mehr erleben wird." Sind Aussagen wie diese Ihrer Meinung nach*
*auch heute noch oder wieder gültig?*
Naja, es ist ein anderer Rosegger in Heimgärtners Tagebuch (eine Rubrik im
„Heimgarten“), ein anderes Schreiben. Hier ist er völlig frei, er hatte die Herausgabe des
„Heimgarten“ bereits an seinen Sohn übergeben. Er musste nicht mehr das
„Waldheimat“-Schema bedienen, sondern er schrieb hier ein öffentliches Tagebuch und
es ist wahrscheinlich das Modernste an Rosegger und ist sicher eine Fundgrube für die
heutige Generation. Die Jugend, die ihre eigene Form von Protest entwickelt, könnte in
ihm einen Verbündeten sehen. Seine Aussagen sind aber die eines Älteren, der zurück-
blickt, was die Jugend von sich aus ja nicht tun kann. Es ging damals wie heute um den
Lebensstil.

Todessehnsucht ist etwas, womit man gerade auch als junger Mensch kokettiert und in dunkleren Phasen mehr … das kann man nicht verallgemeinern. Für mich ist das Schreiben als Form der Lebensbejahung das Entscheidende. Mit wenigen Worten das Dasein zu bejahen, ohne deshalb in irgendwas zu flüchten. In Illusionen oder in ein Reservat, wo alles schön ist. Man bejaht etwas im Wissen um seine Flüchtigkeit und Zerbrechlichkeit. Im Gedicht ist dann beides drinnen, das Brüchige und zugleich das Beständige.

Um auf das Rosegger-Zitat zurückzukommen: Das ist eine Aussage von einem alten, verzweifelten Mann im Krieg, der sehr stark schwankt zwischen allem möglichen, der sehr desperat ist und dann doch wieder patriotisch. Das ist für ein Tagebuch ja nicht untypisch. Deshalb auch mit Vorsicht zu genießen. Es gibt nicht ein Weltbild und Rosegger hat immer vieles aufgegriffen, über Jahrzehnte Monat für Monat eine Zeitschrift herausgegeben und große Teile davon selber geschrieben. Das ist eine enorme Leistung. Er hatte dann eine Altersradikalität, wo er eher wie Thomas Bernhard klingt und nicht nach Rosegger. Das hat mich sehr interessiert. Und um es wie Peter Handke zu sagen: „Schreiben ist eine Suchbewegung." Man ist dann am Ende eines Textes ganz woanders, gar nicht dort, wo man ursprünglich hinwollte.



Schon. Es gibt ein wunderbares Gedicht, das mich in der Zeit, als meine Texte erstmals eine Art von Ton gefunden haben, sehr beeindruckt hat: *„Hymnus an die Stille"* von Antoine de Saint Exupéry. Und das – jetzt gehe ich zur Anfangsfrage zurück – habe ich übers Hören aufgenommen (von Oskar Werner) und nicht übers Lesen. Deshalb wollte ich damals Hörspiele schreiben, sie wurden aber nicht realisiert. In anderer Form mache ich das jetzt fürs Grazer *Museum für Geschichte* im Rahmen der Ausstellung „Wendezeiten – Gesellschaftlicher Wandel seit dem Mittelalter". Das sind kleine Szenen, die nicht aufgeführt, sondern eingesprochen werden. Es sind sozusagen Mini-Hörspiele.



An vielen, vielen kleinen Dingen und ich hoffe, dass es mir möglich ist, einen neuen Gedichtband zu machen. Und ich hätte auch eine Sachbuchidee anknüpfend an diesen Strang, den ich mit dem Rosegger-Buch begonnen habe. Eine Idee, die wieder eine lange Strecke ist, die aus lauter kurzen besteht.

# Jenseits von Traditionalismus und Massenkultur

Günther Marchner

Wenn so allgemein wie unbedacht von Kunst und Kultur die Rede ist, so beschränkt sich das darüber Reden in der Regel auf medial sichtbare Highlights, prominente Events und große Bühnen – in Hallen, bei Open Airs oder sonstigen Spektakeln mit Massenpublikum. Gerade in der Wahrnehmung populistischer PolitikerInnen und einer ziemlich breiten Öffentlichkeit scheinen Kunst und Kultur nur eine Berechtigung zu haben, wenn sie massentauglich sind und wenn sie sich rechnen.

Aber wenn ich Kunst und Kultur nicht als unterhaltende Behübschung verstehe sondern als „Humus" einer kreativen und freien Gesellschaft, dann geht es um eigenständige und lebendige künstlerische und kulturelle Impulse. Die meisten derartigen Angebote - jenseits des Mainstreams - finden jedoch nicht im großen Stil, sondern in kleinem Rahmen statt.

Gerade die Attraktivität von Gemeinden und Kleinstädten hängt nicht von erstarrter Traditionspflege und von populären Events ab, sondern von einer lebendigen kulturellen Vielfalt und einer Kultur des Widerspruchs und der Eigenständigkeit. Wer junge kreative Menschen in ländlichen Regionen halten möchte, muss ihnen entsprechende Orte bieten und die Möglichkeit, ihre Interessen ausleben zu können. Dies betrifft sowohl ein konsumierbares vielfältiges Kunst- und Kulturangebot als auch die Möglichkeit, selbst aktiv werden zu können.

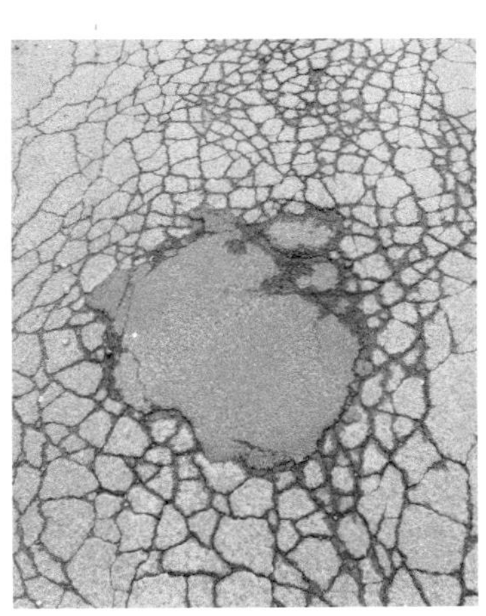 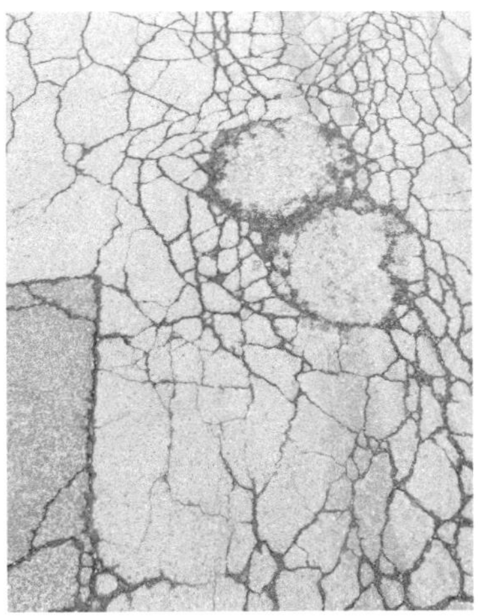 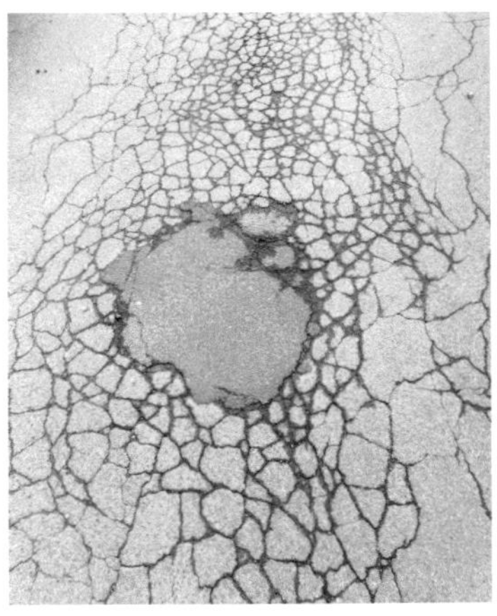

Künstlerisch und kulturell Tätige brauchen Räume und Möglichkeiten, um ihre (künstlerische) Kreativität entwickeln und präsentieren zu können. Die Förderung von sogenannter „kleiner" Kunst und Kultur ist daher von „großer" Wichtigkeit. Sie bedeutet die Förderung von Rahmenbedingungen, vor allem für junge und nachwachsende Kunst- und Kulturtätige: von kleinen Veranstaltungsorten und Bühnen, von Proberäumen, Produktionsstätten und Medien, von Veröffentlichungs- und Auftrittsmöglichkeiten, aber auch von Stipendien und „Residences".

Ohne kleine lebendige kulturelle Szenen und ihre (gar nicht üppige) Förderung gibt es auch keine große Kunst. Und ohne Förderung einer lebendigen und kreativen Kultur jenseits des Mainstreams wären manche Gemeinden und Regionen wohl weniger attraktiv.

# *Alberti Lilo*

## Das Kupferkleid

Gebannt saß das kleine Mädchen im Kreis der anderen Kinder am Boden. Gleich würde die Stelle kommen. Sie hielt den Atem an.

... und wieder lief das Aschenputtel zum Friedhof ans Grab seiner Mutter. Wiederum rief es „Bäumchen rüttel dich und schüttel dich, wirf Gold und Silber über mich!"... Und diesmal war es ein goldenes Kleid, das vom Bäumchen herab flatterte, und es waren goldene Schuhe, die vor ihr am Grabstein standen ..."

Helene atmete aus. Nun war es schon vorbei. Das Aschenputtel hatte ihr goldenes Kleidchen bekommen und konnte zum Tanz in den Königspalast gehen. Alles Weitere interessierte sie nicht mehr. Es war einzig und allein das goldene Kleid, das sie vor sich sah, das sie unentwegt beschäftigte. Hunderte von Zeichnungen hatte sie schon angefertigt von dem traumhaften Gewand. Die letzten Seiten ihrer Schulhefte waren vollgemalt mit allen möglichen Varianten von Aschenputtels Goldkleid.

*Jahrzehnte später:*

Einmal im Monat, samstags, fuhr Helene mit dem Zug nach Graz. Langsam nahm sie die Herrengasse in Angriff. Hier waren sie alle aufgefädelt, die Geschäfte mit den klingenden Namen aus der Werbung. Hier gab es schimmernde Seiden und weiche Samte, knisternden Organza, fließenden Crepe de Chine ...

Das aber, was Helene wirklich suchte, das war nie zu finden: jene Seide, aus dem das Kleid aus dem Märchen genäht war. Wildseide musste es sein, leicht genoppt und unregelmäßig in den Gewebelinien, dazu in einer Farbe, in der nicht einmal irgendein anderer Stoff aufzutreiben war. Kupferfarben. Kupferfarbene Seide. Gesponnen und gewebt in einem der geheimnisvollen Länder an den alten Handelswegen nach Osten. Die Erinnerung an Aschenputtels goldenes Kleidchen hatte sich in die Farbe Kupfer gewandelt. Wie das geschehen war, wusste sie selbst nicht. Gold schien ihr zu protzig, Silber zu banal. Doch Kupfer, diese geheimnisvolle Farbe, dies schien ihr nun als Gipfel der Eleganz und Schönheit.

*Wiederum Jahre später: Mit ihrer Enkelin Julia besucht Helene eine der Ethno-Ausstellungen in der Kunsthalle Leoben.*

In einem der letzten Räume sah sie es. Helene klammerte sich an ihre Enkelin und begann schwer zu atmen. Hier war es, das Kleid. Das Kupferkleid.

Es hing aufgespannt in einem Gestell, weit unten am Sockel war die Beschreibung dazu, die ihr Julia vorlas. Helene hörte es nicht. Sie sah nur die feinen Seidenfäden, genoppt und fein gerippt aus einem Material, das nicht von dieser Welt sein konnte. Zwischen den Furchen der Gewebeschüsse vermeinte man zartes Getier zu sehen, Schmetterlinge, Ziervögel, Fische, man erkannte Blüten, Bäume, Wasser. Doch der Stoff war nicht gemustert, er war lediglich gewebt aus diesem Material, das wie Kupfer schimmerte, das aber nicht Gold war oder sonst ein Metall. Das auch nicht wie Seide glänzte, sondern matt leuchtete wie Mondstrahlen auf einem stillen See.

Der Schnitt des Kleides entsprach dem aller ostasiatischen Gewänder: ein weiter Kimono mit gerade angeschnittenen Ärmeln und schräger Kante zum Zubinden. Hinein gespannt in dieses Gestell wirkte es auch nicht gerade zierlich, doch die Kleider der Kinder aus Morgenröte und Lotusblüte passten sich ihren zarten Formen an und wurden am Körper der Trägerin zu den filigranen Gedichten, von denen die alten Sänger erzählen.

# Benaglio Michael

## Aus weiter Ferne
## ein leises Siddha-Lied

*Schatten*
*Keine Hoffnung Gegenwart*
*Keine Hoffnung Gegenwart*
*Disteln. Brennnesseln. Seelenfriedhöfe*
*in Politikerreden erdrosselt.*
*Sirenen. Blaulicht.*
*Und doch:*
*Licht breitet sich aus*
*Über Plastikbalkonen und Waschmaschinen-*
*eldorados und Alltagsketten*
*Trifft endlich*
*Den kleinen, netten Breitmaulfrosch.*

Schlenderte auf der neu asphaltierten Straße
Einkaufstasche in der Hand
Autos links und rechts, Motorenlärm
Ein Gruß, der Herr Nachbar
Ein Winken, hallo, Frau Nachbarin
On The Road To Billa
Wolkentanz über alten Bergen
Plötzlich ein kühler Wind
Blätter zittern
Über Dächern, Schornsteinen, Träumen
Wiesen färben sich violett
In purpurnem Glanz der Wälder Rauschen
Ein Raunen, ein Staunen
Gelb gefärbte Augenbrauen in Friseursalons
Siedlungshäuser schwanken hin und her
Auf Skateboards mit Flügeln
Die flotten Mehlwürmer
Bezaubernde Lady nimmt meine Einkaufstasche
Lächelt Schwalbengesang
Diamantener Lichterklang
Licht und Schatten
Schreite durch uraltes Land
Menschen lichtdurchflutet
Spielen auf silbernen Flöten
Melodien immerwährender Morgenorgasmen
Schreite dahin
Lachen von Balkonen
Gruß von jedermann
Erotisches Lächeln von Jederfrau
Versunkener Kontinent
Entschwunden in Licht und Schatten
Unsterbliche spielen Karten
Durch Künstlergärten fließt von Kleidern
befreite Liebe
Fiebere nach Realität, nach Gegenwart
Specht hämmert:

„Wahr ist's. Wahr ist's."
Atem der Hennen, der Höhlenbären
Atem der Vergangenheit
Versunkener Kontinent
Gefesselte Verblendungskraft in digital
versperrten Scheunen
Schlendere dahin
Raste im Schatten, gerüstet für das Licht
Bioerdäpfelpüree, Semmeln, Putenextra
In Billa Regalen
Specht verstummt, schnäuzt sich verlegen
Alte Frau, gebeugt, mit rot gefärbtem Haar
Grüßt mich
Hi!
Grüße hinter Grammel Knödeln tiefgefroren
Irgendwo Gondwanaland hinter Small Talk-Blasen
Lemuria
Lichtfedersymphonien über keimenden,
aus Schattenhand tretenden Emotionen
Mein Knie schmerzt, mein Magen übersäuert
Wer zahlt meine Stromrechnung
Wo bleibt der Schnee
Welten driften auseinander
Meine Seele sucht Land
im goldenen Sonnenuntergang –
Sucht Land.

## Sie kneten

Sie kneten, sie kneten
Kneten Schattenkreuze in fahle Lichter-Ströme
Früh am Morgen, wenn kein Hahn mehr kräht
Erschöpft zu Mittag vor leeren Schüsseln
Spät am Abend, wenn Hoffnung verweht
Sie kneten, sie kneten
Kneten Schattenkreuze in ranzige Lichter-Stürme
Tagein, tagaus
Und die Panzer rollen
Es macht uns nichts aus
Wir kneten, wir kneten
Im Reich der Schatten
Hades On The Road
Anubis ergreift unsere Seelen
Wir trinken Laternenlicht verdünnt
im geschichtslosen Raum
„Knetet, knetet!", rufen sie jenseits der Wälle
Von den Türmen der Reichen
„Das ist eurer Leben!"

Und Cyborgs schlagen sich amüsiert
Auf metallene Schenkel.

# Boyer von Berghof Helga

## Licht und Schatten

Mutig verteilen die Wälder ihre wehenden Blätter
und Augenblicke ruhen im Zenit der Sterne
Schatten weichen bei Lichteinfall
Augen tauschen verkohltes Licht
verblühte Rosen umschlingen mich
viele Worte bleiben ungesagt –
als Blau verteilt sich Vernunft von Gefühl
Denken hat gesprochen, bevor es etwas sagt
Hoffnung und Liebe glauben – was?
Wollen wir die Liebe messen?
Erinnerungen verklären letzte Fragen
Geschichte ist erlebtes Erinnern
Lass uns Blumen säen –
Licht und Schatten tauschen gegen das Ziel
Weißt du noch?
Umwandelbares einst und jetzt

## Trost und Abschied

Im Schatten den der Abschied wirft
Liegt leise welket die Natur
Man muss geschehen lassen
Wie alles wie zum Letzten geschieht
Es schmeichelt sich ein sanfter Tod
Noch in die letzte späte Rose
Die hellen Tage werden plötzlich trüb
Doch als dich das Leben einlud mitzuspielen
Da hast du freudig zugesagt
Du lebtest gern und intensiv
Und hast das Abenteuer kühn gewagt
Ein Abglanz aber bleibt
Ein Schein von Rot
Ein versöhnliches Lächeln
Zaubert Trost auf unsere Gesichter –
ich fühle brennen noch mein Herz

## Hallo Leben

Oh, Wechsel der Optik
Auch Wechsel der Liebe
Wechsel der heutigen oberflächlichen Welt –
alles so rasant, so schau schaurig grün
Grün?
Ach, grün ist nur Gott und das Meer
Gibt es diesen grünen Gott?
Ewige Fragen: Woher? Wohin?
Welcher Weg verheißt ein Ziel?
Ein Ziel, lachten so manche –
Da donnerte die Welt
Wo sind die Gebirge, die Meere?
Dort oben irgendwo
Bald, aber falle ich in die Tiefe
Nur ein Traumgespinst?
Wer weiß das schon bei so viel Leben!

## Mein Blick

Wenn sich mein Blick verdüstert –
wenn die Nebel alles verhüllen
Ach, meine Welt ist nicht deine Welt –
Wir Menschen sind so verschieden
Ja, deine Brust zitternder Granat
Doch schon überfliegt ein Schatten die Azoren
Wird dein Herz im Wind gewogen –
dein Schritt nähert sich einem fremden Ziel
Schau in den Spiegel: Eintracht von Welle und Spiel
Ich verstecke mich im Schutz der Felsen
Komm wieder, du, komm vor der trunkenen Flut
Schau, in einem fremden Wasser
Schwebt mein Lichter Schatten!

## Eindringlicher Appell für Frieden

Das ist ein eindringlicher Appell an die Mächtigen dieser Welt:
Hört auf zu kämpfen!
Hört auf Kriege zu führen!
Hört auf Menschen hinzurichten!
Bereitet dem schrecklichen Sterben ein Ende!
Schafft friedliche Pfade für Menschen und Tiere
Es ist an der Zeit Worte und Handlungen zu ändern – Menschrechte schaffen!

# De La Marre Wentila

## Das späte Glück

Sie hatte es ihm übelgenommen, dass er von ihr gegangen war. Und so wie er in ihr Leben getreten war, war er auch wieder daraus entschwunden. So, als hätte es ihn nie gegeben. Seine Spuren hatte er sorgfältig verwischt. Er war fortgegangen, und sie, die ihn liebte, blieb nun alleine zurück. Sie erinnerte sich an den Tag ihrer ersten Begegnung und an alles weitere, das darauffolgte, Verlobung, Hochzeit und Ehe. Damals waren sie beide noch verhältnismäßig jung gewesen und voller Erwartung auf das Leben zu zweit. Sie hatte immer an ihn geglaubt und hatte sich an ihm festgehalten, wenn die Stürme des Lebens um sie tobten. Er war für sie wie ein Fels in der Brandung gewesen. Still, stark und bescheiden. Und doch so voll Leben. – Sie hatte ihn sehr geliebt. Doch dann waren sie in die Jahre gekommen, sowohl er als auch sie. Und das Alter zwickte und beutelte sie, einmal mehr und einmal weniger. Aber das Leben ist lebenswert, hatte sie oftmals gesagt, ihm dabei zugezwinkert und ihn angelacht -

Tage, Monate, Jahre. Und jetzt war er ganz einfach nicht mehr da.

Die Arme verschränkt, starrte sie vor sich hin; dann, langsam aufschauend, hob sie ihren Blick zum Nachthimmel empor, der mit Sternen übersät war. Ein zaghaftes Lächeln umspielte ihre zuckenden Lippen und laut sagte sie, „das späte Glück ist niemals vollkommen, aber ich weiß, dass du auf mich wartest, heute wie einst." Und ihren Bademantel abwerfend, stieg sie hinab und hinein in die wartende See und umarmte die tosenden Wellen mit letzter Kraft. Später fand man sie, ein Lächeln um ihren einst schönen Mund. Ihn hatte man einige Tage danach gefunden, denn die See hatte ihn wieder an Land gespült, und so hatte man sie beide gemeinsam begraben auf der kleinen Anhöhe, auf der sie zu Lebzeiten oft gestanden und hinabgeblickt hatten auf die stille oder auch raue See.

Irgendwo gehen zwei Menschen Hand in Hand und es wird lange dauern, bis sie erkennen, dass es anderswo ist. Das späte Glück findet sich doch, es fragt sich nur wo.

## Ausschau halten

Ausschau halten nach einem Gesicht,

das uns vertraut und beständig war.

Nachlauschen der Melodie einer Stimme.

Uns an die Gestik und an das Wesen

eines Menschen erinnern, der einmal war.


Zeit löscht so vieles,

doch ein Teil der Erinnerung bleibt.

Der Tod ist überwindbar,

denn weit hinter dem Horizont unseres Begreifens

gibt es ein Leben, anders als hier. Und eines Tages,

da werden wir dies erkennen und wissen.

Dann wird das Werk der Liebe vollendet sein.

Und wir werden jene wiedererkennen,

die wir geliebt und verloren geglaubt,

und eins werden wir sein mit ihnen.

# *Furtschegger Wanda*

## Ein ganz besonderer Tag

Lass die Dunkelheit
aus deiner Seele
entweiche und
sei bereit für den
ersten Sonnenstrahl,
der dein Gemüt erhellt.
Atme die klare Luft
tief ein, vernimm
das Rauschen des Windes
und den Gesang
eines Vogels.
Beginne den Morgen
mit allen Sinnen und
erlebe einen ganz
besonderen Tag.

## Mein Platz an der Sonne

Die Schatten
der Vergangenheit
streife ich ab,
kehre der
beklemmenden
Dunkelheit
den Rücken,
vertreibe mit einer
Handbewegung
Ängste und Zweifel.
Dem hellen
Licht eile ich
leichtfüßig
entgegen,
dem Platz
an der Sonne,
der auch
für mich
bestimmt ist.

## Auf den dunklen Schwingen der Nacht

Du bewegst
dich
auf den
dunklen
Schwingen
der Nacht
dem
leuchtenden
Morgenrot
entgegen,
zwischen
Träumen
und
Wachen,
Hoffen
und Bangen,
in Erwartung
des Tages,
der dein
Leben
verändern
wird.

## Momente des Glücks

Momente des Glücks sind
wie Sternschnuppen.
Sie erleuchten
für kurze Zeit
den pechschwarzen
Nachthimmel
und schon sind sie
wieder verschwunden.
Wie lange muss ich wohl
ausharren, bis sich
das Wunder wieder ereignet?
Geduldig will ich
darauf warten
und der Zeit keine große
Bedeutung beimessen.
Bis dorthin werde ich
ein wenig Helligkeit
in meinem Inneren
bewahren, um mich
leichter gegen Kälte,
Regen und Sturm
schützen zu können.

## Dem Licht entgegen

Dunkelheit
schleicht sich
an mich heran,
lautlos
wie eine Katze,
fast unbemerkt,
vermag mich
jedoch
nicht einzuholen.
Den Blick nach vorne
gerichtet,
bewege ich mich
auf die
hell erleuchtete
Stadt zu,
die vor mir liegt.
Dann hebe ich
einfach ab,
schwebe mühelos,
einem Vogel gleich,
dem Licht entgegen.

# *Hirzer-Weiß Michaela*

## Jemand muss sich um das Zarte kümmern

Jemand muss sich um das Zarte kümmern
um die Moleküle und ihre Atome
jemand muss sie zusammen halten
Jemand muss sich um die feinen Härchen
an den Lindenblatträndern kümmern
um die Nuancen von Grün auf den Wiesen
jemand muss sie im Blick haben
Jemand muss sich um die Herzfäden kümmern
die losen Enden und die verbundenen
jemand muss sie pflegen und geschmeidig erhalten
Jemand muss sich von all dem Zerbrochenen, Zerschlagenen
von all den Scherben berühren lassen
muss sie einsammeln in großen Körben
Jemand muss den holpernden und hinkenden Gedanken helfen
und sie trösten, dass sie sich nicht so wichtig nehmen
Jemand muss die Nachtschwärze hüten
und auf dem Kummer der Welt hocken
und ihn wärmen und brüten
Jemand muss dabei sein
bei den keimenden Anfängen
und bei den Abschieden ins Bodenlose
Jemand muss alles auffangen
und halten
ganz nah bei sich


## ins leben kommen

in die erde fallen
nicht mehr drüber stehen
fallen und fallen
ein hartes korn

in die erde fallen
in die welt
wie sie ist
ins leben fallen
in die tiefe fallen
ins modrige
in das wurzeldickicht
in den verwesungsgeruch

in die erde fallen
nass und satt und schwer
heim kommen
an den ort des keimens

und dann
geschieht
lange
nichts
sichtbares
begreifbares
regnen lassen
traumbilder durchziehen lassen
aufgebrochen werden
von der eigenen prallen fülle
kommen
oh!
kommen
mehralsdudirvorstellenkannst

# *Hoch Walter*

## Fein sein

Bauer Etzelsberger zupfte seinen Alt-Steirer-Anzug zurecht. Sohn Otmar brachte sich mit weißem Hemd und Trachtenjanker, seine Mutter mit einem Dirndl und Vroni mit Spenzer und Jeans in einen Sonntagsstaat. Onkels Kleinwagen holte sie ab. Auf ging's! Auf den martialischen Serpentinen des Alpenpasses schlich sich bei den Fünf Ehrfurcht ein – vor dem kleinen Motor. Als er in einer langen Kurve den letzten Anstieg hochschnaufte und die Etzelsberger zur Passhöhe hinauf linsten, fühlten sie sich von einem Himmel ohne Ränder hinaufgezogen. Bilder von Etzelsberger, wie er gestern gewütet hatte, verblichen darin.

Etwas scheu, zugleich um religiöse Anmut bemüht, stiegen sie zum Hauptportal der Basilika hoch und fädelten sich in eine ungewohnte Gemeinschaft ein. Nur nicht auffallen wollten sie, die mächtigen Kirchenschiffe lenkten die Besucher ohnehin auf Ewigkeit hin.

Die Etzelsberger kamen noch tief aus der Provinz und hatten auch noch nicht Wohlstand genug, um nicht ergriffen zu sein. Fünf Altäre und die Gnadenkapelle glänzten und schoben über das Bild vom alten Haus daheim jene Prächtigkeit, mit der Kirchen die Gläubigen beeindruckten, bevor der Wohlstand ausbrach. Auch konnten Leute ohne Gott in der Seele hier ihre Immunität vor dem höchstdosierten Opium fürs Volk testen und Leute nur mit Taufschein frömmeln gehen. Gläubige brachten genug Vertrauen in die Schöpfung mit, damit der Segen der Gnadenmutter sie wärmte. Viele Beichtstühle, die an der Seite in großen barocken Kästen der Sünden harrten, fanden immer weniger Büßer. Die Inbrunst schlich sich aus. Mittags lud Etzelsberger zum Essen ins Schnellgasthaus vis à vis. Das Tischtuch blendete festlich weiß, Blumen und ein Besteck, an dem das Gleißen der Gnadenkapelle wiederkehrte, sagten zu Otmar: So schön kann es sein! Auch über Lebkuchen ließ Hannes die Seinigen sich freuen. Bei den Marktständen für religiöse Hardware neigte sich Otmar vor zu einer Schneekugel mit der Basilika. „Tät schon helfen, so einen Heiligen Geist daheim aufstellen", sagte er. Vater brachte es über sich, auch diese Einbildung zu zahlen. Bei der Abfahrt gratulierten sich alle zum Ausflug.

Otmar strahlte, es war zum Bersten schön, wie es das geben konnte!? Beinahe nicht auszuhalten im engen Auto, so dampfte die Freude immer heißer. Jetzt fuhren aber Vaters gestrige Worte, „halt die Pappn!" dazwischen. „Ich bringe mich um", folgte flüchtig im Kopf des Sohnes.

Montag rückte Etzelsberger eine Viertelstunde nach 5 Uhr in die Frühschicht ein. Daheim am Hof wusste das eine Handvoll weiß-rötlich gefleckter und grauer Katzen; sie enterten bald die Küche und miauten fordernd. Mit Wegscheuchen oder einem Fußtritt würde es erst losgehen, wenn der Mann, dem sie doch nichts taten, von der Schicht heimkäme. Was war so schrecklich, dass sie, wenn sie es gnädig hatten, ihr Häufchen an der Kellerstiege ablegten?

Nach der Schicht war Arbeit am Misthaufen. Tochter Vroni schielte auf die vierzinkige Mistgabel. Wie sie das Kot-Stroh-Gemisch auf den Miststreuer gabelte, gingen strengste Düfte auf, die Bakterien schenkten dafür einen starken natürlichen Virenschutz. Vroni hatte gerechnet, „weil den Gefallen, dass mich der Vater nachmittags im Haus mit einer Zeitung oder vorm Fernseher erwischt, den tue ich ihm nicht mehr!"

# *Jursa Elisabeth M.*

**STELLT EUCH VOR, ES IST KRIEG UND KEINER GEHT HIN!**

Stellt euch vor, die WAFFEN WERDEN NIEDERGELEGT, und es gibt keinen
roten Knopf mehr!
Stellt euch vor, DIE MACHTHABER mischen sich unters Volk und
MARSCHIEREN FÜR DEN FRIEDEN!
Stellt euch vor, NACHRICHTEN BERICHTEN POSITIVES!
Stellt euch vor, GESPRÄCHSTHEMA IST DIE LIEBE und nicht die Angst!
Stellt euch vor, die MENSCHEN SIND GLÜCKLICH und streben nicht nach Macht!
Stellt euch vor, es braucht nicht Abschreckung und Aufrüstung, denn WIR
WOLLEN EINANDER NUR GUTES!
Stellt euch vor, es gibt nicht Gier und Eifersucht, denn WIR FREUEN UNS
MIT DEN ANDEREN!
Stellt euch vor, POLITIK NIMMT IHRE VERANTWORTUNG WAHR UND
ENTSCHEIDET FÜR DAS VOLK!
Stellt euch vor, WIR GLAUBEN AN EINE GUTE ZUKUNFT!
Stellt euch vor, dass Lügen keine Kraft mehr haben und wir uns wieder
AUF AUGENHÖHE BEGEGNEN!
**Stellt euch vor, ES IST FRIEDEN UND WIR LEBEN IHN!**
Stellt euch vor, WIR LASSEN UNSERE HERZEN SPRECHEN!!!

**schwarz oder weiß**

Haarrisse werden zu Furchen
Furchen zu Rissen
aus Rissen werden Schluchten
es gibt keine Grauzonen
nur Schwarz oder Weiß

Wo ist Zuversicht?
Wo ein Miteinander?
Entzünden wir das Flämmchen
Hoffnung
und lassen es atmen!

**hohl**

Hohle Worte
nichtssagend
überflüssig wie ab-
radierte Gummireste

Ausdruckslose Rede
ungebeten
Worte aus durch-
sichtigem Papier

**wer sind die?**

die
die Würde bewahren
um jeden Preis über
den Dingen stehen

die
die klein beigeben
nicht widersprechen
schon gar nicht auffallen

die
die warnend
den Zeigefinger heben
den Kopf schütteln

die
die hinter
vorgehaltener Hand
so tun als ob

die
die nichts sagen

wer sind die?

# *Koschak Dietwin*

## DIE ABGESÄNGE EINES CELLOS AUF KRETA

I. BEIM EINSATZ DES LEBENS
Felsen der Musik; Tief unten liegt das Land der gestillten Sehnsucht und
es beginnt das ja heiter,
was endete … -


II.
Längst vergessen den Mord an Orion und sternenweit geschieht jetzt die Zärtlichkeit,
                  die nach Hause führte: so liebesreich besonnen!
Woher und wohin, -
wir wissen es nicht …
Wir wissen es nicht, -
woher und wohin und
auf der griechischen Insel weinten jetzt die bunten Kathedralen abgrundernst:
vergiss doch endlich das, -
was dich quält!


III. DIE AGAVENTRÄUME EINES ZUR EINSAMKEIT GEZWUNGENEN MENSCHEN
Treu wie die Nacht.
Treu wie der Morgen und
treu wie der Tag!

Gewiss doch. Kein Schwarz ist schwärzer als das Weiß und
kein Weiß ist weißer als das Schwarz. -
Wach' auf über'm Riff und
hänge mit der schmalen Brücke von Aug' zu Auge!
Das Meer spiegelte sich im Himmel und
im Himmel spiegelte sich das Meer.

Treu wie die Nacht.
Treu wie der Morgen und
treu wie der Tag!

IV. DIE WIEDERKEHR DER JA SO GELASSEN HEIMFLIEGENDEN SEEMÖWEN
Grundlos gründiger Grund: Hoch oben ereignete sich der wirklich letzte Kuss
                zum Abschied hin mitten auf den Mund und
es endete ja das bitter, -
was neu beginnt.

              aus: „EWIGE PASSION. - Das griechische Lachen
              und das Weinen“, Graz 2020, 3. Auflage

## ZUM TROST ZWISCHEN DUNKELHEIT UND LICHT

Dunkel, - ach dunkel, -
ereigneten sich die Schatten: Liebe meint ja immer auch die Tränen!
Frag' niemals Warum, -
du gehst ja irre sonst und
an die Sterne richtete sich die Verzweiflung: Wie viele Stunden hat sie
denn die Nacht?

An die Rosen richtete sich die Ahnung: Wie viele Stunden bleibt er denn
der Tag?
Du weißt ja nur, dass selbst jeder Kuss verhauchte flüchtig (???!), -
hab' aber auf das Gegenwärtige eine Antwort;
ereignete sich das Licht: Liebe meint ja immer alles und mehr!
Hell, - ach hell … -

Es ist das Leben ein Teil vom Tod.
Es ist der Tod ein Teil vom Leben.

aus: „PLEMM. PLEMM. - Über Andersdenkende,
Irre und das Narrenhaus"

# Köhler Wera

## Am Strand

Es ist unerträglich heiß. In der Föhre weit oben kreischen Zikaden ihre Litaneien, rhythmisch und schrill, pausenlos. In der Tiefe spielt das Meer um Felsen, züngelt an Steinen, leckt in Spalten, drängt in Ritzen. Die Wasserfläche, fein gerippt, immerfort in Bewegung, wird von kurzen, flinken Wellen auf und ab geschaukelt. Dazwischen blinken Sterne auf, ein Tanz, nach einer geheimen Melodie. Das Fischerboot, weit draußen, schickt ein Rauschen ans Ufer, ein Hinklatschen an den Strand. Wasser springt über Steinbrocken, spritzt hoch, schäumt auf, wird in Höhlungen hinein gesaugt, wieder ausgespien, herumgewirbelt. Nur langsam kehrt Ruhe zurück, stille kräuselnde Bewegungen, ein sanftes Schaukeln oben und unter Wasser, vom Sonnenlicht gezeichnet, das feine Kringeln auf dem Kies.

Immer wieder die gleichen, uralten Bilder, die sie gut kennt, die sie mit sich trägt, die sie bewegen, berühren, immer wieder an den Stränden der Meere und Ozeane gesammelt, die aus den Augen längst in die Seele gesickert sind, dort ein Zuhause gefunden, wo die Sehnsucht wohnt.

## Im Garten

Ich gleite in die Dämmerung vor dem Erwachen. Konturen zeichnen sich ab, Licht sickert aus Mulden und Spalten. Mein Garten mit seinen Wellen und Rundungen, seinem Auf und Ab, seinen Wegen und verwilderten Pfaden, seinen verwachsenen Ecken entrollt sich vor meinen Augen. Allmählich wächst die Helligkeit. Bäume haben das Sagen, gewähren den Rosensträuchern Blüten nur auf sonnigen Plätzen. Ein Ringen um Licht und Luft immerzu. In ihrem Schatten breiten sich Farne und Funkien aus, fallen sich Efeu und Immergrün in die Arme. Albertine aber, die rosa Schönheit, hat ihre Liebe im Kirschbaum gefunden. Vor Jahren als zärtliche Liebelei begonnen, mit ersten sanften Berührungen, liegt sie heute mit all ihrer Pracht in seiner Krone. Ein Verschmelzen, ein gemeinsames Atmen. Ich jedoch bin der Schatten meines Atems und sitze auf der Bank unter dem Nussbaum, am oberen Gartenrand, am Zaun, dort, wo die Katze Laura ihr Grab hat und schaue weit in die Landschaft, hinunter ins Tal und weiß, dass mir der Garten nur geliehen ist.

## Wenn die Sonne

Wenn die Sonne ihre roten Schleier über die Berge wirft, der Wald einmal noch aufglüht, steigt die Nacht herauf, fließt es dunkel übers Land. Der Bussard ruft ein letztes Mal, ein letztes Taumeln im Baum, ein Flügelschlag hier, dort ein Huschen ins Gebüsch, ein letztes Winken, ein letzter Blick. Stille.

Jetzt steigen die Geister aus den Tiefen, es ist ihre Zeit. Dämonen erwachen in ihren Höhlen, kriechen aus Erdspalten, dampfen aus Löchern, treten ihre Herrschaft an. Sie zwängen sich in dein Haus, dringen ein durch Fensterritzen, schmiegen sich an dein Bett, schleichen sich in deine Träume, machen sich in deinen Gedanken breit, richten sich groß auf und starren dich an. Um alles in der Welt, halte deine Augen geschlossen.

Welch ein Trost zu wissen, dass die Sonne wieder kommt. Welch ein Glück, im Sonnenaufgang zu stehen.

## Zum Abschied

Wenn eines Tages nichts mehr ist

dein großes Auge bleibt

Und Stein und Sand

Und jedes Körnchen küsse ich

Leicht liegt es in der Hand

Und jedes Körnchen nehme ich

hinüber in dein Land

# *Leitgeb Norbert*

## Lichtgefängnis

Gott hat einst in der Schöpfungsnacht
zuallererst mal Licht gemacht –
was man auch durchaus gut versteht,
denn blind zu schöpfen, wär' doch öd!

Seither müht Forschung sich verbissen,
noch mehr über das Licht zu wissen.
Doch ist die Mehrheit ignorant
und stolpert scheuklappig durchs Land,
steht mit Licht auf, schläft nachts erneut
und schert sich um das Licht kein' Deut.

Nur Joschi fragt sich irritiert,
„was macht das Licht, wenn's finster wird?
Dass es entflieht, ist ja zu sehn,
jedoch wohin? … Und wo bleibt's stehn?"

„Wo findet Ort man und Etage
der temporären Lichtgarage?
Denn schließlich kommt's zur Morgenzeit
als ob nichts wäre, stets erneut."

„Doch warum flieht es überhaupt?
Dazu so flink, dass man's kaum glaubt
und überdies noch so gewitzt,
dass es durch kleinste Ritzen flitzt?"

Um hier mehr Einsicht zu erlangen,
wollt' Joschi Licht für Studien fangen,
dann seinen Fluchtweg ab ihm dichten,
um es hernach genau zu sichten!

Gedacht, getan! Das heißt, versucht.
Erst hat das Licht er eingetucht,
dann reingelockt in Truh'n und Taschen
und, flux, versperrt, um's zu erhaschen …

Dann trug er es, noch siegessicher,
zu sich nach Haus mit Freudgekicher –
doch kaum geöffnet, war's zum Schreck
blitzschnell entfleucht – und wieder weg!
Statt der erhofften Lichtbarkeit
blickt er bloß baff in Dunkelheit!

Daran erkannte Joschis Geist,
das Licht ist flink – und ziemlich dreist!
Drum griff er schlau zu einer List!
Wenn's nicht von selbst ins Sackerl fließt,
sperrt er gewitzt den Lichterschein
mit Hilf' der Taschenlampe ein!

Doch leider lief es wie verflucht!
Was immer Joschi auch versucht,
und müht er sich auch noch so sehr –
stets war's Licht flinker noch als er,
und, flux, entwischt, entschlüpft, entflohn
und, schwuppdiwupp, auf und davon!

Drauf grinst die Freundin siegverzückt,
ihr sei' das Kunststück längst geglückt,
denn in dem Schrank in ihrem Haus
wär's Licht in Haft – und käm' nicht aus!

Drauf stürzte er wie wild zu ihr,
fand dort den Schrank, … ergriff die Tür …
außen noch gänzlich unauffällig, …
noch zweifelnd, ist's drin wirklich hellig?
Er zaudert, … zieht, … öffnet blitzschnell …
und staunt! … Drin ist's tatsächlich hell!

Verdattert prüft er's Wunder nach,
öffnet erst ruckig, dann gemach,
Tür auf, Tür zu – Licht an, Licht weg …
und stets bleibt's wirklich im Versteck!

Auf–zu, geht's bis zur Morgenstund' –
und stets mit nämlichem Befund!
Das Licht steckt drin, ganz ohne Zweifel.
Wie das bloß zugeht, weiß der Teufel!

Doch was Freund Joschi fasziniert,
lässt seine Freundin ungerührt.
Ihr reicht es, wenn stets gut gefüllt,
der Lichtschrank ihre Sachen kühlt.

# *Niebler Susanne*

## Lichtauge

immer leuchtet
aus der finsternis
dein wort und entfaltet
seine flügel

immer bewölken
deine flügel
mein auge tastet
mein blick nach
deinem licht

und dein licht taucht
mich in schatten

doch immer tritt
aus dem schatten
die liebe und legt
sich mir auf die flügel

immer breite ich
meine flügel
über die welt

und die welt zeigt
mir dein antlitz

dein antlitz aber
ruht auf meinem
traumgesicht

ruft in die finsternis
wo mein lichtauge
schläft

und aus dem lichtauge
strömt dein wort


## Lichtschritt

deine schritte
gebären licht
sie kennen die spur
und in den fußen
ist gespeichert der weg
du selbst trägst dich
durch die dunkelheit
laß dich laufen ins dunkel
und ein allweises Sein
leuchtet dir
in tiefste Finsternis hinein


## Gedanken zwischen
## Dunkelheit und Licht

du bist zur welt gekommen
um licht zu spinnen und flammen
zu weben die dir den weg leuchten
in das dunkel das du liebst

und auf dem weg zählst du
die schattentage jene tage im schatten
die dich schirmen und die tage aus schatten
die dich bewölken und du weißt

wenn das licht sich vermählt
mit deinem schatten dann bricht
die stunde der wunder an


## Ausbrechen

ich breche aus das kleine Licht zu suchen
das im wahren Winkel kauert um große Schatten
von winzigen Dingen zu werfen und gleite vorbei
an dem Baum vom Blitz gespalten in dem noch Leben
zittert und fange an die Finsternis zu bewachen
damit sie nicht entkommt sich nicht auflöst in mir
sondern in meinen Schatten sinkt der von mir fort
und doch mit mir zieht freiwillig wache ich
denn in der Finsternis bist du


## LI ED
(in suserkischer Sprache)

li au schat
ten se sam

genbro siteng
apo hapi kumeng
ca mor kinever
sat ar sater
soter moler

sto mi agot
terra mora dakot
omada piri blu
otra wen fadu
ustani astinu

li au schat
ten se sam


## Lied
(Übersetzung aus dem Suserkischen)

Lied aus Schatten
öffne dich

feiere dein Strahlen
laß Licht entweichen
das du verschüttest
enthäute dich von Nacht und Dunkel
entkleide deinen Schutzmantel
satt und satter wird dein Leuchten
voll und voller deine Glut

schwarze Erde dankt
mit blauer Pirouette am
roten Horizont wenn Wehmut
sich mutig in Wehen fallen läßt
und Winde bunt und befreit
in den Klang der Herzen sich schwingen

Lied aus Schatten
öffne dich

# *Maier Bernhard Eduard*

## Das letztmögliche Zimmer

Dieses Zimmer ist ein ganz Eigenes. Ich möchte es anhand eines Hauses mit rechteckigem Grundriss und einer der Tiefe gegenüber größeren Breite beschreiben, das ich, fiktiv und real gleichermaßen, bewohne.

Mit seiner Rückseite ist es in einen Hang hineingebaut, der das Fundament der Tiefe bildet. An der Vorderseite links befindet sich der Eingang. Das Parterre besteht aus einer vorderen und einer hinteren Zimmerzeile, die beide parallel zum Hang verlaufen. Vom Eingang kommt man in einen kleinen Vorraum. Links davon befindet sich die Küche, die bereits von der linken Seitenwand des Hauses begrenzt wird. Vom Vorraum nach rechts folgen zuerst das Wohnzimmer, danach die Zimmer der Eltern. Diese sind mir nur wenig bis gar nicht bekannt. Mein Zimmer befindet sich hinter der Küche, es ist das erste der hinteren Zimmerzeile. Die Zimmer rechts davon kenne ich ebenfalls kaum, nur so en passant. Ist man durch sie hindurch, kommt man zu einer Treppe, die in den ersten Stock führt. Sie ist relativ breit, deren Stufen sind solide und nicht brüchig.

Hier ist der Aufbau ähnlich wie im Parterre. Zwischen vorderer und hinterer Zimmerzeile befindet sich jedoch ein Gang. Die hintere Zimmerzeile ragt in den Berghang hinein, und über diese weiß ich eigentlich nichts. Die vorderen Zimmer sind alle sehr hell, haben große Fenster, sind weiß ausgemalt und gut gelüftet. Es befinden sich gediegene Tische und Sessel, allesamt in hellem Farbton, darin. Diese Zimmer werden ungefähr zwei- bis dreimal die Woche, zehn- bis zwölfmal im Monat aufgesucht, vor allem der großen Fenster wegen. Man schaut hinaus in die Ferne. Ein guter Fernblick ist gegeben, und auch Balkone fügen sich an. Dort, wo die Treppe von unten heraufkommt, geht nebenan die Treppe zum zweiten Stock hinan. Sie ist schmäler, aber noch nicht eng. Die Stufen sind gut begehbar.

Der zweite Stock gleicht dem ersten. Auch hier fügt sich ein Gang zwischen vorderer und hinterer Zimmerzeile ein. Die hintere liegt im Berghang. Über sie weiß ich ebenfalls nichts. Die vorderen Zimmer sind in braunem Farbton, die Wände mit Holz ausgekleidet. Die Räume wirken hell, sind offen, aber doch etwas abgeschlossener als die im ersten Stock. Die Sitzgelegenheiten bestehen aus Fauteuils und gepolsterten Sitzbänken.

Alles ist recht bequem und behaglich eingerichtet. In den Regalen befinden sich Schulbücher oder Bücher populärwissenschaftlichen Inhalts.

Hierher kommt man ein- bis zweimal die Woche, vier- bis sechsmal pro Monat. Diesmal befindet sich neben der heraufkommenden Treppe keine weitere.

Erst am anderen Ende des Ganges führt eine enge, knarrende Holztreppe weiter in den dritten Stock. Dieser ist wie Stock eins und zwei gebaut. Über die hinteren Zimmer weiß ich nicht viel. Die vorderen sind mansardenartig und vom Farbton dunkler als die der unteren Stockwerke, haben den Charakter von Hotelzimmern. Dieser zeigt sich durch die großen Betten, die sich darin befinden und durch zwei kleine, abgetrennte Bereiche: Links die Dusche und rechts das WC. Diese Räume werden drei-, vielleicht viermal pro Jahr betreten.

Nun gibt es noch einen vierten Stock, jedoch an keinem Ende des Ganges gibt es eine Treppe hinauf. Diese ist hinter einer der Türen zu den hinteren Zimmern versteckt. Es ist eine schmale Steintreppe. Zunächst geleitet sie nach hinten in den Hang, bevor sie dann auf halber Höhe eine Linksbiegung erfährt. Kurz bevor man oben anlangt, dringt schon milder Lichterschein entgegen. Von oben führen zwei oder drei recht weite Stufen sanft in einen mit warmem, weißem Neonlicht hell erleuchteten Raum hinab. An den Wänden befinden sich mittel- bis dunkelbraune, aber auch weiße Bücherregale, die etwas erhöht auf zwei schmalen Stufen angebracht sind, die das Zimmer umrahmen, so dass es einer seichten Mulde gleicht. Die Vorhänge sind ockerfarben. In der Mitte befindet sich ein Couchtisch, und orientalische Lederhocker bieten Sitzgelegenheiten. Auf dem Tisch befinden sich Bücher, Zettel und diverse Schreibutensilien, dazu eine Kanne heißen Tees, eine Tasse samt Untertasse, eine Zuckerdose und ein Kännchen, das je nach Bedarf Milch, Zitronensaft oder auch Wasser enthalten kann. In einer Räucherstäbchenschatulle glimmt gerade ein Räucherstäbchen. Der Duft ist Pinie, Rose oder Opium, aber im Besonderen Gardenia.

Dies ist mein letztmögliches Zimmer, aber so viele Menschen gelangen nie in die Nähe ihres eigenen, geschweige denn in dessen Inneres. Vieles von unten verliert sich, Altes, längst Entschwundenes, aber auch Unbekanntes; Neues tritt hier oben zutage und verschmilzt in der Aura, im Geheimnis dieses Zimmers zu einer ganz eigenen, besonderen und unvergleichlichen Wirklichkeit, weit, weit vom Heute, vom Hier und Jetzt entfernt.

# Pichler Klaus Wolf

ALTE DÖRFER
IN SCHÖNHEIT
UND VERFALL
SCHEINBAR
VERGESSEN
VON DER ZEIT
WÄHREND SICH
MILDES LICHT
DER
NACHMITTAGSSONNE
IN DEN ENGEN
GASSEN UND
PLÄTZEN AUSBREITET
UND LEICHTER WIND
DURCH DIE WENIGEN
BÄUME RAUSCHT

FAST BEWEGUNGSLOS
IN DER MORGENKÄLTE
IN EINEM LEISEN MOMENT
STAUNEND VOR ALL
DEN WEISSEN
KRISTALLSTERNEN
STEHEN
PLÄTZE HÄUSER
STRASSEN BÄUME
UND BUSCHWERK
IN IHRER
EINZIGARTIGEN PRACHT
DIE SIE ÜBER NACHT
ÜBERZOGEN HABEN

DIE LETZTEN
SONNENSTRAHLEN
HABEN SICH
IN DUNKLE SEIDE
GEHÜLLT
UMGEBEN
VON EINER
MAJESTÄTISCHEN
NACHT
WARTEN SIE
AUF DEN MORGEN
DER SIE WIEDER
ALS GOLDENE
WOLKE
AM FIRMAMENT
ENTSTEHEN
LÄSST

IM KATASTER
DER ERINNERUNG
DAS BILDHAFTE
ERLEBEN
VON GESTERN
NOCH EINMAL
AUFLEBEN LASSEN
UM NICHTS ANDERES
WAHRZUNEHMEN
UND DEM ALLTAG
ZU ENTSCHWEBEN

# *Ortner Ingeborg Maria*

## Geliebter Altausseersee

Still ist´ s um den See herum
es glitzert und gleißt das Wasser
es ducken sich die Wassergeister
damit Du sie nicht siehst,
denn das Glänzen so scheint mir - hast du ja schon entdeckt.
Diese Geistlein siehst Du nicht gleich
aber wart´s nur ab sie rufen Dich,
sie locken Dich
doch pass mir auf,
es sind nicht alle lieblich und wollen Gutes,
manch einer ist dabei der dich mit sich ziehen will
in´s Dunkel - in´s Verderben
dann gibt's keine Wiederkehr
der Schlund gibt Dich nimmermehr her.

Doch wenn ich` s mir so überleg -
von so einem putzig anzuschauenden süßen Wassergeistlein
könnt ich mich schon überreden lassen.
Gern tät ich mit ihm verschwinden im lieblichen Wasser -  im See.
Vielleicht zeigt er mir sein Schlösslein da unten am Grund
oder er lädt mich ein zu tanzen mit seinen Gespielen in froher Rund?!

Mein lieber Altausseersee ich glaub ich muss jetzt weitergehen sonst
könnt es sein, dass ich mich überreden lass von Deinen herzigen
Wesen drunten - aber ich geh heim- denn wenn Du mich einmal
hast muss ich bei dir bleiben und da ist´ s mir doch zu kalt und nass
und das lass ich doch lieber bleiben.
Und die Geister und Nixen und Kobolde würden mich dann vielleicht
zeitlebens necken und foppen mich armes kleines Menschenkind.
Denn die Geschichten die ich ihnen erzählen würde die oben auf der Erde geschehen
da würden sie kichern und grunzen sich wälzen, schlammen und könnten´s nicht glauben,
auf die Schenkel täten sie sich schlagen und klatschen und sich fragen: „Ist´ s wahr?
So einen Irrsinn tun sie treiben, so verrückt ist ´s wie die Menschen dort droben
        leben und leiden und bei
denen da oben willst du bleiben, wart´s nur ab und bleib ganz ruhig,
wir werden es Ihnen schon zeigen.
Wir versprechen es Dir aufs Wort, das schauen wir uns genauer an
und dann werden wir die dummen Menschlein
zwicken und zwacken und keine Ruh mehr lassen
mit Ihren Untaten die sie treiben auf Erden.

Passt nur auf  - schon bald lassen wir  Euch leiden,
bis Ihr es endlich besser versteht - euren Unsinn tut meiden
und böse Dinge lasst bleiben.
Sag´s nur Deinem Menschengeschlecht: „Es soll sich in Acht nehmen -
denn sonst geht es ihm schlecht."

# *Pilipp Reinhold*

## Lied am Morgen

Die Nacht, die hat den Tag verschluckt,
sie konnt` ihn nicht verdauen
und hat ihn wieder ausgespuckt
beim ersten Morgengrauen.

Von Osten schimmert`s stahlblau her
durch dunkler Bäume Schatten,
der Sichelmond vor`m Strahlenmeer
lässt hoffen und erwarten.

Der neue Tag mit seinem Licht
vertreibt dir alle Sorgen,
malt dir ein Lächeln ins Gesicht,
singst du ein Lied am Morgen.

## Das Licht

Es freut sich auf der Erde hier
In Liebe, Pflanzen, Mensch und Tier
Sie alle brauchen Sonnenschein
Zum Leben und zum Glücklichsein.

Die Energie vom Mutterstern
Hält allen Trübsinn von uns fern
Auch klar zu sehen, das braucht Licht
Bei Dunkelheit da geht es nicht.

Sind es nun Teilchen oder Wellen
Die Wissenschaft hat kahle Stellen
Doch ist es offenbar gemacht
Das Licht ist stärker als die Nacht.

## Ich bin

Sonnenstrahlen
wecken Leben
bringen Kraft
jagen die Kälte
fort alles Dunkle
Licht und Lachen
mein ICH BIN
in Liebe geborgen
fliegt
Sternen entgegen.

Eisige Nacht
vom Sturm zerfetzt
in Todesstarre
fort alle Wärme
fort aller Schutz
allein und verzweifelt
mein ICH BIN
doch in der Ferne
frische
Morgenrot–Ahnung.

## Seilschaften

Freude und Glück
Lachen und Singen
Liebe und Leben
Arbeiten und Sparen
Moral und Vernunft
Geld und Besitz
Gier und Geiz
Dummheit und Faulheit
Krieg und Frieden
Hunger und Not
Krise und Chance
Hoffnung und Glaube
Licht und Schatten.

# *Rasser Petra*

## König der Straße

Die Straße scheint sich in die Unendlichkeit auszudehnen und jedes Luftpartikel lockt mit dem Versprechen unendlicher Möglichkeiten. Da steht man nun, neben der Straße, den Daumen hinausgestreckt, während die Dunkelheit das letzte Licht des Tages verschluckt, erwartungsvoll, die Nase im Wind. Lebe wohl, Wind. Ich bin nicht mehr dein, ich bin am Weg. Nur ein kleiner Rucksack beschwert mich, nur was ich am nötigsten brauche.

Ich blicke in die Welt der ungeformten Möglichkeiten und denke rasch:

„Liebe Geister, bringt mir heute ein gutes Auto." Gut, gut, ich nehme auch einen kleinen PKW. Ein nettes junges Paar nimmt mich mit, ein kleines Kind schläft auf dem Rücksitz. Wir stören einander nicht, und ich bin froh über eine Mitfahrgelegenheit mit Leuten, vor denen ich keine Angst zu haben brauche. Oder den Helden markieren muss, damit sie erst gar nicht frech werden.

## Weh spricht vergeh!

Denn jetzt ist das Leben, im Moment findet es statt, da gibt es kein Versteck, sonst friert man ein, verkühlt man sich, stirbt man ab, bevor man geboren wird. Ich könnte ja so ein Feigling sein, wenn ich es zuließe! Aber dann rede ich lieber mit mir: „Was willst du? Angst haben oder leben? Na siehst du!"

Es gab andere vor uns: Jack Kerouac, Jack London, Paul Auster, Anais Nin, Ida Pfeiffer...

Und was das Leben ist, weiß ich noch nicht, nur was es nicht sein kann...

Aber: Sicherlich hat es einen Geruch, der mager und knusprig ist und wälzt sich gerne in warmem Wasser, bestimmt liebt es wie ich den fischartigen Algengeruch des Meeres und der Seligkeit.

Den weiten, unendlichen Himmel des Fürsten Andre´, die goldenen Schlängelein des Studenten Anselmus; um all das zu finden, muss man in die Welt hinaus gehen, nachdem man sie ja schon im eigenen Herzen gerufen und ihre Bilder zu Freunden gemacht hat...

In München abgesetzt hält ein Lastwagen für mich, dessen Fahrer Englisch spricht. Zum Glück ist er Nichtraucher, ich kann den Gestank in einer engen Kabine nämlich nicht leiden. Eigentlich darf er keine Passagiere mitnehmen, aber ich werde trotzdem in Calais über die Grenze fahren, weil er mich netterweise vor dem Zoll hinten in der Kabine versteckt, wo ich eine Decke über mich lege und mich ruhig verhalte. Viel mehr als ein Spiel ist es ja nicht: Seit zwei Wochen bin ich neunzehn und habe einen gültigen Paß bei mir, aber er soll schließlich keine Schwierigkeiten mit der Firma kriegen, wenn er schon so nett ist, mich als „Blinden Passagier" mitzunehmen.

Als wir drüben ankommen, sind wir beide so erleichtert, als ob wir ein echtes Abenteuer erlebt hätten.

## So leicht erregt man sich wegen Kleinigkeiten!

Vielleicht, weil das ein Band zwischen Menschen schafft.

Mein Fahrer heißt Jovan und fährt gerne mit dem Lastwagen durch die Gegend. Manchmal wird es aber langweilig, und so freut er sich über meine Gesellschaft. Für einen Endzwanziger sieht er sogar noch recht gut aus.

Bevor er mich in London rauslässt, damit ich in Victoria einen Bus in den Norden nehmen kann, teilen wir noch eine Cola und einen Schokoriegel. Dann wirklich der Abschied.

Ich tauche in den Menschenstrom Londons ein, das Bienengesumme der Freiheit und die Verlockung ungeahnter Abenteuer in den Ohren.

# *Rohrer Peter*

## Gespräch an der Bar vor der Konferenz zur globalen Klimageschichte

Abends sitze ich an der Hotelbar. Zwei Barhocker weiter hockt ein Mann. Er wiegt den Kopf, nimmt seine Hände im Rhythmus mit. Der Barkeeper trocknet gelangweilt Gläser, hält sie gegen das Licht und stellt sie ab. Mit ihm redet der Mann offensichtlich nicht. Der Mann bemerkt mich, betrachtet dann schweigend sein Glas. Er dreht das Glas eine Weile, deutet aus dem Nichts eine Geste an, so wie: "Habt ihr das jetzt endlich?", fährt sich durch die Haare und schaut mich dann an.

„Ich war in Gedanken, müssen Sie wissen", sagt er, „kommen Sie auch zur Konferenz?" Die folgende Pause war für eine Antwort zu kurz. „Also nicht." Sein Blick liegt wieder auf dem Glas. „ER kommt diesmal auch nicht." „Aha", sage ich.

„Bisher ist ER immer gekommen. Zumindest zeitweise, auch wenn ER gekränkt war oder wütend. Sie müssen verstehen, ER ist ein echter Key-Player in der globalen Klimageschichte. Seit Jahrtausenden. Aber jetzt ist ER scheinbar massiv sauer..."

Der Barkeeper dreht sich geschäftig weg. Ich überlege.

„Darf ich Sie etwas fragen?" sagt der Mann. „Welche Farbe hat <u>der</u> Punkt? Was glauben Sie?"

Diese Frage kam ehrlich gesagt überraschend. Welche Farbe hat DER Punkt? ... So in der Schulzeit ... da haben wir den Kreismittelpunkt mit der Zirkelspitze ins Papier gestochen. Dann war der Punkt ein Loch. ... Darauf läuft es wohl nicht hinaus. ... Gezeichnet war ein Punkt, je nach Farbstift, aber überwiegend bleistiftgrau. Ich bin unsicher, ... DER Punkt, welche Farbe? Jetzt einfach aus dem Bauch heraus, ZIEGELROT, oder doch nicht.

„Machen Sie es sich nicht zu schwer, eher bunt oder schwarz, weiß oder gar keine Farbe?" Ich passe.

„Es ist so, ein Punkt, räumlich gedacht als Kugel, hat das Volumen Null, quasi. Zweidimensional also auch eine Fläche von Null. Keine Frage der Farbe, sondern der Ausdehnung." Ich versuche, meine Verzückung, zur Farbenfrage DES Punktes herunterzuspielen. An allen Bars der Welt kommen solche Fragen auf und werden verworfen.

„ER war das mit dem Punkt vor 13,8 Mrd. Jahren", sagt der Mann, „es ist <u>SEIN</u> Projekt, das mit den Universen, den Planeten und Sonnen, samt aller Milchstraßen, Monden und Sternschnuppen, bis hin zu den schwarzen Löchern und der Erde.

Das wurde auch aufgeschrieben, die Finsternis über der Urflut und das mit dem Licht, ... übrigens, da hat ER sich noch Zeit genommen: ER nannte das Licht Tag und die Finsternis Nacht, sehr praktisch gedacht."

Der Mann schwingt eine Hand über den Tresen. „Und ER machte auch den ganzen Rest, der kreucht und fleucht".

Vorsichtig nähere ich mich der Geschichte: „Und heuer kommt - ER - nicht zur Konferenz zur globalen Klimageschichte?"

Der Mann hebt leicht resigniert an: „Na ja, zuletzt nach der Geschichte mit Noah, die ja gerade noch gut ausgegangen ist, hat ER angeblich gesagt: „Ich will zukünftig nicht mehr alles Lebendige vernichten, wie ich es getan habe. Solange die Erde besteht, soll es geben Aussaat und Ernte, Kälte und Hitze, Sommer und Winter, Tag und Nacht".

Aber jetzt ist ER sowas von verbittert. Da übergibt ER eine Erde mit Wasser und Land, mit Pflanzen und Tieren und dem ganzen Brimborium und jetzt ist die Erde ein Saustall. Das kann man in keinem Paralleluniversum herzeigen. Nicht einmal ansatzweise.

ER hat seine Teilnahme abgesagt. Globale Klimageschichte hin oder her. Es stinkt zum Himmel. ER hat die Nase voll."

Irgendwie bin selbst ich in der schicken Hotelbar betroffen.

„Und Sie kennen ihn, also IHN, ... persönlich?" „Ich glaube, jeder kennt IHN, ich bin Journalist, ich verfolge IHN."

„Wird ER vielleicht doch noch zur Konferenz kommen?"

„Es ist spät, wir sollten gehen. Meinem Gefühl nach ist ER zurzeit echt grantig, kein Wunder nach 13,8 Mrd. Jahren Service und Gleichrichten. Das zermürbt."

Der Mann schiebt sein Glas in Richtung Barkeeper.

„Na, wir werden ja sehen, ER ist der ‚arche tekton'. Gute Nacht."

# Srabotnik Bernd

## Bloßer Verdacht genügt

Was für ein liebes,
junges Paar.
Zum Verlieben
für Menschen
wie du und ich.
Allerdings:
Nicht für „Raubtiere"
ohne Ratio.
Ein international „Geführter"
von Wahn und „Rausch"
beherrscht
hat anderes mit ihnen vor.
Er verneint sie
ja
aber nicht hochzeitlich
sondern am Galgen.
Partisanen?
Bloßer Verdacht genügt …

## Die Kerze

Noch steht die reine Flamme
hoch
überm rot glimmenden Docht
demütig geneigt,
obgleich fast keine Last.
Ein runder Tisch: geronnenes Wachs
nimmt ständig zu
und speist das wunderbare Licht.
Fest steht das Ganze
in einem gelben, oben wie
von innen her
beleuchteten Zylinder, fest
gegründet
auf schwarzem Eisen sorgsam
hochgewölbt
in unsichtbar getragener
Geborgenheit.

aus: „ABER DAS HÖCHSTE", Europäischer Verlag Wien Popovici 2016
ISBN 978-3-7038-0010-8

# Strasser Ute Stefanie

## Licht, Dunkelheit und Zwischen

Es fällt mir immer schwer, etwas zu einem vorgegebenen Thema zu schreiben, diesmal heißt es: *Zwischen Dunkelheit und Licht.*

Und ich frage mich: Von welchem Licht soll ich schreiben?

Vom Licht der Lampe mit einer elektrischen Glühbirne oder vom Licht der Petroleumlampe oder der Taschenlampe? Oder von der Flamme einer Kerze? Oder vom Licht der Sonne, die uns den Tag erhellt und in nächtlicher Dunkelheit Himmelslampen anzündet? Oder vom Licht, das mir hin und wieder aufgeht oder vom Licht am Ende des Tunnels? Soll ich vom Licht schreiben, das mir ein freundliches Lachen bringt oder gar von einem inneren Licht? Bewusstseins? So viel Licht! Welches soll ich wählen?

Und welche Dunkelheit?

Die Dunkelheit einer Sturmnacht? Oder die Dunkelheit, die einem Kranken den ersehnten Schlaf bringt? Die Dunkelheit bei einer Sonnenfinsternis oder einem Gewitter? Oder die *dunkle Nacht der Seele,* von der Mystiker sprechen? Soll ich mich auf die Dunkelheit eines Geheimnisses beziehen oder auf die Dunkelheit finsterer Machenschaften? Gleicht die Dunkelheit der Finsternis, die angeblich in der Hölle herrscht? Oder bloß dem allgegenwärtigen Schatten? Von dessen Wohltaten man im *Lob des Schattens* von Junichiro Tanizaki erfährt. Es gibt so viele Dunkelheiten. Bestimmt wissen Sie noch von anderen.

Aber es wird ja noch komplizierter, denn das Thema heißt *Zwischen Dunkelheit und Licht?* Da ist einmal die Dämmerung, die trotz ihres Hereinbrechens schön sein kann, zum anderen aber auch der Graubereich, fade, verschwommen, undefinierbar. Oder soll ich zum Wechsel zwischen Dunkelheit und Licht schreiben, der Abwechslung ins Leben bringt, es holprig und interessant machen kann? Könnte das Thema eigentlich auch heißen: *Zwischen Finsternis und Licht* oder *Zwischen Dunkelheit und Helligkeit?* Würde das den Bedeutungshof verändern? Fragen über Fragen!

Jetzt will ich aber doch noch konkret werden. Ich schreibe derzeit einen Text über Flanieren Spazieren Erkunden Entdecken in meiner kleinen Stadt. Werfen wir einen Blick hinein.

An einem Vormittag gehe ich über den Hauptplatz und suche nach lichten Erscheinungen. Und schon sehe ich eine: Die Lieserl sitzt auf einer Bank in der Sonne und strahlt mich an. Die Lieserl, gut in ihren Achtzigern, ist eine stadtbekannte Persönlichkeit, rund ums Jahr im knöchellangen Dirndl, dazu passend Janker, Seidentuch, Schmuck – Brosche, Armband, Ohrringe. Und da schau her, hinter der Lieserl schaut der Springbrunnen zu mir her, der alte. Schau!, sag ich zur Lieserl, das Glitzern, das Plätschern, das Schilf, die Seerosen, die Goldfische, der bemooste Stein! Erinnerst du dich? Sie erinnert sich, wir erinnern uns und nicken uns beglückt zu. Dann steht die Lieserl auf und geht ins Gasthaus zum Mittagessen, und ich gehe weiter, um nach der Dunkelheit zu suchen.

Neben dem ehrwürdigen Apothekengebäude an der Nordseite des Hauptplatzes führt, anfangs durch ein Gewölbe, eine enge Gasse, die Prankergasse, fast ist es ein Steig. Sie führt hinunter in die Heiligengeistgasse, wo im Mittelalter die erste jüdische Gemeinde der Stadt angesiedelt war. Durch diese Gasse sehe ich einen Trauerzug kommen, dunkel Gekleidete tragen ihren Toten durch die Stadt hinaus zur Begräbnisstätte über dem Schloss, wo er mit Blick nach Osten der Erde zurückgegeben wird. Und schon kommt der nächste Trauerzug durch die Gasse, mit Sack und Pack müssen die Menschen jüdischen Glaubens die Stadt verlassen. Ein dunkles Bild ist das und eine dunkle Geschichte, eine sehr dunkle; lieber nichts wissen will man von ihr in der kleinen Stadt.

# *Suppan Franz*

## Die Gottesanbeterin

Dort in des Paradieses Garten,
voll der Blumen, Blüten, Strauch,
viel Getierchen, seltne Arten,
Gottes Beterin wohl auch.

Gesittet betend, heiß begehrend
ihren Liebsten, der ihr frommt,
ihn liebkosend, ihn verzehrend,
wenn er ihr zur Hochzeit kommt.

Wer wird je das Glück vergessen,
wenn das Blau des Himmels lacht
und gar je die Tat ermessen –
durch die sie sich zur Witwe macht.

## Sei nicht störrisch, Eselein

Sei nicht störrisch, Eselein,
tat dir nichts zuleide,
steh'n nun da am Ackerrain,
du und ich, wir beide.

Geh´ nach Haus nicht gern allein,
wäre doch zu einsam,
komm, mein liebes Eselein,
gehen wir gemeinsam.

Nehm für dich den schweren Sack,
du bist ich und ich bin du,
tragen wechselnd huckepack,
gehen langsam heimzu.

Haben beide Pflicht und Recht,
tun uns nichts zuleide,
als ein Herr und niemands Knecht
kehren heim wir beide.
auftut sich der Seele vereinsamte Gruft.

## März

Den Schnee bezwingt das erste Grün,
die Wimpel weh´n in klarer Luft,
der Weidenbaum trägt zartes Blüh´n,
die Krume atmet Duft.

Die Amsel singt ihr Morgenlied
zur hellen Flöte und Schalmei,
der Blaustern und die Primel sieht
hervor und Akelei.

Weit dehnt sich hin die Ackerkrum´
dort an des Baches frischem Lauf,
dem Himmel schließt die Schlüsselblum´
die goldnen Türen auf.

## Wenn der Weidenbaum erblüht

Ich klopfe vom Zweige die Rinde
und forme ein Pfeifchen daraus
und spiele sodann mit dem Winde
der Liebsten ein Lied vor dem Haus.

Nun spiel ich es schon viele Monde
so hell und so rein jede Nacht,
das Liebchen, das vordem da wohnte,
das hat sich davon wohl gemacht.

So geb ich dem Wind auf die Reise
das Liedchen, das er es ihr singt,
will warten und lauschen der Weise,
bis er mir die Antwort heimbringt.

Da hör ich ein Liedchen erklingen
im Winde – ich höre es kaum –
das tut mein Liebchen mir singen,
dort drunten am Weidenbaum.

## Wenn die hellen Tage kommen

Die blassblauen Krokusse blühen,
Narzissen und Haselnussstrauch,
auf Höhen die Feuer erglühen
im Winde zu glutendem Hauch.

Die Blüten und Funken, sie schweben
so hell und so frei in der Luft,
in allem ein Wiederbeleben –
auftut sich der Seele vereinsamte Gruft.

# *Svatek Kurt F.*

## Denn die Liebe

Denn ohne Liebe bist du leer,
bist eine abgebrannte Kerze.
Du treibst die Tage vor dich her
in ihrer ausweglosen Schwärze,

du treibst die Tage vor dich her,
erträumst das Glück und träumst vergebens.
Denn ohne Liebe bist du leer
und gehst allein den schmalen Pfad des Lebens.

## Die nächtliche Straße

Nur langsam schiebt sich das Mondlicht
die steile Straße hinauf.
Wer seinen Kummer jetzt nicht bespricht,
der nimmt ihn noch lang in Kauf.

Bald wirft der Zaun seinen Schatten
bis weit in den Garten hinein.
Wem willst du Bericht denn erstatten?
Wir gehen doch alle allein.

## Alle

Wenn die Sonne kommt,
wird sie dich nicht finden,
wenn du im Hinterhof bist.

Wenn der Wind kommt,
wird er dich nicht finden,
weil du dich wie ein Vogel im Nest versteckt hast.

Wenn der Mond kommt,
wird er dich nicht finden,
weil du die Vorhänge zugezogen hast.

Wenn die Sterne herauskommen,
werden sie dich nicht finden,
weil du Wolken bestellt hast.

Und wenn sich die Liebe anschleicht,
wird sie dich nicht finden
in deinem Schneckenhaus.

Dabei warten sie alle auf dich:
die Sonne, der Wind, der Mond, die Sterne
und vielleicht auch die Liebe.

## Höhlenforscher

Die Uhr tickt: falsch, falsch, falsch.
Doch nicht hinter jedem Busch lauert Ärger,
obwohl die grauen Gestalten der Vergangenheit
überall mitgehen.

Es ist ein schöner Frühlingstag
an dem die Raben abziehen
und zumindest zwischen verachtet und geachtet
beachtet werden wollen.

Sie wandern in die Lavagänge einer Höhle.
Das lässt sie erst umdrehen,
in den grellblendenden Tag zurückstolpern,
und dann doch wieder hinein,

aus der Welt in die Hinterhöfe,
in ein Land, in dem die Sonne nicht aufgeht,
und stolpern von einem falschen Leben
in ein anderes.

Ein wenig später
läutet von fern eine Glocke.
Welche Zeit,
Mittag

## Wenn du gehst

Wenn du gehst,
begleitet dich die Sonne durch den Tag
und nachts der Mond
und der Sternenhimmel.

Wenn du gehst,
geht auf der Milchstraße
die Liebe mit dir.
Wenn du gehst …

# *Wildbichler Gerhard Ernst*

## Baustelle

Neben nunmehr schon über zwei Jahre andauernden ständigen Diskussionen im Zusammenhang mit der Gesundheitskrise wurde mein Leben und das meiner Nachbarn mit dem Hauptthema einer Großbaustelle in unserem Haus bestimmt.
Sämtliche Hauptrohre der Wasserleitungen mussten getauscht, Mauerwerk eröffnet, die Wasser- und Stromversorgung immer wieder über längere Zeiträume eingestellt werden.
Aus ursprünglich geplanten zwei bis vier Wochen Bautätigkeit in einzelnen Wohnungen wurden letztendlich siebzehn, Schutt und Staub ohne Ende!
Damit trotz dieser außergewöhnlichen Belastungen Verzweiflung nicht über den Humor siege, versuchte ich meinen Gesprächsinhalten stets aufmunternde Worte beizufügen.
Ein Beispiel: Wenn ich meine Gäste nach deren Besuch hinausbegleitete, beendete ich die Verabschiedung mit den Worten: „Kommt gut heim und passt mir bitte auf, dass ihr mir keinen Dreck hinaustragt!"

## Ein glänzender Aufstieg

Glauben Sie an Horoskope?
Ich nicht. Eigentlich nicht. Und dennoch liest man sie ja doch immer wieder einmal. Eigentlich glaubte ich nicht, an solche Vorhersagen zu glauben, bis ich eines Tages eines Besseren belehrt wurde.
Beim Durchblättern einer Tageszeitung las ich in der Rubrik meines Sternzeichens: „Heute steht Ihnen ein Aufstieg bevor!" Im Lauf des Tages hatte ich genannte Lektüre schon längst vergessen, als bei der Rückkehr von einem Einkauf an unserer Aufzugtür ein Schild „Wartungsarbeiten - Außer Betrieb" prangte.
Im dritten Stock angekommen, kam mir der Inhalt meines Tageshoroskops jäh in Erinnerung; das war also mit dem verheißenen Aufstieg gemeint!

## Freigesprochen

Da war doch noch jener mutmaßliche Heiratsschwindler, der den Damen seiner Begierde immer wieder vorgaukelte, Sägen- und Mühlenbesitzer zu sein.
Von einem seiner enttäuschten Opfer angezeigt, konnte ihn jedoch kein Gericht der Welt verurteilen, zumal der Angeklagte nach eigenen Darlegungen glücklicher Besitzer eines Fuchsschwanzes und einer Kaffeemühle war.

## XY-gelöst?

Eine Studienkollegin, mit der ich die Ehre habe, auch auf Facebook befreundet zu sein, startete unlängst einen Aufruf an ihren Freundeskreis in diesem sozialen Medium:
„Eine Bitte an Alle! Jemand von Euch hat dieser Tage ein Rezept gepostet; ich erbitte sachdienliche Hinweise, wer das war und ob mir dieses Rezept nochmals in geeigneter Form übermittelt werden könnte!"
Da ich ein hilfsbereiter Mensch bin, antwortete ich umgehend:
„Liebe Karin! Sachdienlicher Hinweis: Von mir war es nicht!"

# *Woi-Paierl Babsi*

## Heimat

*Bad Radkersburg/Gornja Radgona* liegt an der *Mur*. Der Flutschutz-Deich befindet sich hinter unserem Garten, getrennt davon durch einen schmalen Streifen Auwald. Vor dem Jahr 1919 ging keine Grenze durch die Flussmitte, und eine Eisenbahnbrücke verband beide Ufer, welche im Jahr 1945 zerstört worden war. Flüchtlinge aus der ČSSR ertranken danach nachts im Fluss. Wir Kinder weinten und sagten, das darf nie wieder geschehen. Nach dem Krieg 1991, als der Kirchturm am rechten Ufer in Flammen aufgegangen war, Schüsse drohten, herüberzudringen und Panzer auf beiden Seiten der Stadt, also auch in unserer Straße vor dem Internat und der Schule uns Jugendliche verunsicherten, gehörte die Staatsgrenze zu Slowenien. Aufgrund des EU-Beitritts Österreichs 1994 befand sich hinter meinem Haus an der *Kučnica* eine sogenannte Außengrenze mit Wall. Ab dem Jahr 2004 verlief die Außengrenze südlich Richtung *Lendava*, mit der Synagoge und seiner zweiten Amtssprache Ungarisch. Wir reisten dahin und aßen am Weg, da jetzt Friedenszeiten waren, Eis, welches meist *Kosovo*-Albaner anboten. Im Jahr 2013 zog die Außengrenze noch weiter, bis *Brod* an der *Save*, und wir dachten an die Erzählungen über die Route des ehemaligen *Orient-Express* zwischen *Paris* und *Istanbul/Konstantinopel/ Byzanz*.

Als ich 2015 im Material-Spenden-Sortier-Lager unentgeltlich in der Flüchtlingshilfe arbeitete, marschierten vom Auffangplatz am *Pomurski*-Messe-Center kommend am Weihnachtsmarkt vorbei unter behelfsmäßig ausgedruckten, arabischen Plakaten zur Orientierung auf unserer *Brücke der Freundschaft* stumme Menschenmassen in Richtung der Busse des Heeres und der NGOs. 2020 stand ich erneut in der Mitte meiner Stadt vor dem Grenzbalken und hielt mein Impfzertifikat unter einen Scanner, welcher piepsend ein grünes Häkchen anzeigte. Etwas später ging eine der Drohnen aus dem aktuellen Osteuropa-Konflikt in Zagreb zu Boden.

Im Hinblick auf die Festtage wurde mir von meiner Familie unlängst eine *Klang-des-Glücks* Silber-5€-Neujahrs-Münze geschenkt, mit dem Thema *150 Jahre Musikverein* und dem Abbild des *Apollo*. Ich überlegte, die Münze zu werfen, Kopf oder Zahl – *Apollo* oder 5 betreffend die etwaige Liste der Vorsätze. Während ich also warf, nachdem ich *Apollo* das *Ja* und der Zahlseite das *Nein* zugeordnet hatte, was keine Wertung sein sollte, jedoch zweimal *Ja* und Null mal *Nein* wäre schwierig, überdachte ich, ob man überhaupt von einer 50:50 % Wahrscheinlichkeit ausgehen könne. Vielleicht wird das Werfen psychologisch beeinflusst vom unterbewussten Wunschdenken, oder von der Erdanziehungskraft, und wenn ich in der Schwerelosigkeit würfe, beispielsweise auf einer der *International Space Stations*, blieben *Apollo* wie auch die Ziffer *Fünf* einfach im Raum schwebend vor mir hängen, neben der kugelförmigen Flüssigkeit meines Wassers oder Kaffees, während die Erde etwa 16x pro Tag bei circa 28.000km/h vollständig umrundet unter mir vorbeizöge? Was, wenn die Münze nicht Spin 1 hätte, sondern zufällig Spin 2, obwohl das die Phänomenologie so großer Objekte nicht tangieren sollte, und sie würde mir erst nach zweimaliger Umdrehung überhaupt wieder ihre gleiche Seite zuwenden? Gäbe es dann noch einen logischen Gedanken? Ja. Und daher entschied ich mich für: Frieden.

# Neuerscheinungen der AutorInnen

**Michael Benaglio**
*Verrückte Geschichten von Fin dem tolldreisten Hund.*
Edition sonneundmond, Wien 2022

Ein kecker kleiner Labrador-Pinscher, klüger als die meisten Menschen, wandert durch politische, spirituelle, phantastische Welten, begegnet dem Zeitgeist und lässt alle staunen, die meinen, ein Hund sei ein Hund und damit basta.

ISBN 978-3-9505097-6-2

**Dietwin Koschak**
*Das Buch über das Verzeihen und das Vergessen.*
Edition Garamond

„Soeben erschienener Roman des Grazer Autors und Malers, der damit einmal mehr zeigt, wie sich sein eigensinniges künstlerisches Werk zu einem packenden Kosmos erweitert."

ISBN 978-3-85306-067-4

**Kurt F. Svatek**
*Das Meer, der Mond und die Zeit, Ein Tanz der Gedanken,*
Triga - Der Verlag, Gelnhausen-Roth, 2022
Dieser Band enthält Gedichte zum Thema Zeit, aber auch als Nachwort einen entsprechenden Essay darüber.

*The Will-o '-the Wisps of Time, Dancing Thoughts*
Edizioni Universum, Capri Leone, 2022
Gedichte in Englischer Sprache

*I fuochi fatui del tempo, Pensieri danzanti,*
Edizioni Universum, Rocca di Caprileone, 2022
Gedichte in italienischer Sprache

*Cada segundo pode ser uma pérola, Poems in portuguese*
Phönix Editora, São Paulo, Brazil, 2022
Gedichte in portugiesischer Sprache

*I luci vacànti du tempu, Pinsèri chi bàllunu,*
Edizioni Universum, Rocca di Caprileone, 2022
Gedichte auf Sizilianisch

# Braunbär Sepp
Michael Benaglio


Immer wieder publizierte die international bekannte Literaturzeitschrift „Die Feder", die jedes Jahr knapp, aber wirklich knapp, am Literaturnobelpreis vorbeischrammte, Interviews mit bedeutenden Personen der Literaturlandschaft. Ich wollte diese edle Tradition fortführen und sinnierte, welch hohen Herrn oder welch edle Dame ich wohl in der „Feder" verewigen könnte. Nach drei Jahren intensiven Nachdenkens fiel meine Wahl auf den Braunbären Sepp, die ehemalige Ikone der Kleinkunst. Dieser wohnte in dichtem Nadelwald, der sich auf den Hängen in der Nähe der Singerhauserhütte in Bad Mitterndorf erhob. Die Jäger ließen Sepp in Ruhe, war der Bär doch militanter Veganer und lehnte das Verzehren von Kühen, Schafen und Ziegen, selbstverständlich auch von Menschen, vehement ab. Kein Wunder, dass ihn die Jägerschaft akzeptierte, ja den Bären Sepp sogar als leuchtendes Vorbild seinen Artgenossen anpries, die noch der Untugend des Fleischkonsums verfallen waren.

Der Braunbär Sepp wirkte lange in der Literaturszene. Er galt als Schüler von Hermann Hesse und schrieb Kurzgeschichten und Lyrik. Stets pries er in seinen Schriften die Schönheit der Natur und forderte seine Leser auf, Mutter Erde zu schützen und von der allumfassenden Vergiftung zu befreien. Eines Tages verschwand Sepp von der Bühne, trat sogar aus dem PEN Club aus und zog sich in Waldeseinsamkeit zurück, wo er gelegentlich mit Peter Rosegger Karten spielte – so raunten es Förster und Jäger. Neugierig machte ich mich auf den Weg, mit Wasser, Zirbenschnaps und Buttersemmeln bewaffnet sowie einem alten, aber qualitätsvollen Aufnahmegerät, mit dem angeblich schon Goethe gearbeitet haben soll. Nach zwei Tagen mühsamer Suche entdeckte ich den Braunbären Sepp bei einem alten Steinkreis. Er lehnte an einem mächtigen, alten Fichtenstamm und blickte mir fragend entgegen. Ich stellte mich vor und bat um ein Interview für die „Feder".
„O, o, ich fühle mich geehrt, für diese Krone der literarischen Schöpfung interviewt zu werden", sagte Sepp. „Ich gebe keine Interviews mehr; aber für die ‚Feder' sei eine Ausnahme gestattet."
Wir unterhielten uns über sein Werk, seine Gedichte, teilten die Flasche Zirbenschnaps, schließlich fragte ich nach dem Grund seines Rückzugs.
„Das ist leicht erklärbar", brummte der Braunbär. „Zwanzig Jahre tourte ich durch die Bühnen, Lesesäle und Kaffeehäuser der Kleinkunst. Immer dünner gesäter das Publikum, die anfänglichen kleinen Honorare blieben allmählich völlig aus und Subventionen gab es nur für die in den Glorienschein der Medien Emporgepushten. Selbst die besten Literaten versandeten unbekannt an den Marterpfählen einer Kunstmafia, die sich nur innerhalb ihrer Seilschaft bewegte."
„Das klingt ja nach einem Thriller", stöhnte ich.
„Schlimmer, denn es handelt sich um Realität. Auch auf dem Buchmarkt ein vergleichbares Schicksal. Nimmt dich ein großer Verlag, weil er hofft, mit dir Profit zu machen und du in sein ideologisches Müsli passt, dann hast du eine Chance. Rezensionen in den großen Medien, Fernsehinterviews und -hinweise, eine Radiosendung, deine Bücher stapeln sich gut sichtbar in den letzten noch verbliebenen Buchhandlungen. Politiker loben dich, wenn es eben für sie opportun ist. Zählst du nicht zu diesen erlauchten Kreisen, dann strandest du als literarischer Bettler irgendwo in der Gosse der Ignoranz."
Der Bär seufzte. „Und das ist der Grund, warum ich nach gut zwanzig Jahren in den tiefen Wald emigrierte. Sage das den Lesern der ‚Feder' – wenn sie diese Tatsachen ohnehin nicht bereits wissen."

Ich bedankte mich bei dem Braunbären Sepp, schüttelte seine Pfote, wir umarmten uns spontan, da wir uns als verwandte Seelen erkannten. Sepp schenkte mir einen kleinen Gedichtband von ihm in chinesischer Sprache und kritzelte eine Widmung plus Unterschrift hinein. Ich versprach Sepp, im Falle meiner Wiederkehr einen Veggie-Burger mitzubringen. Mit leerer Zirbenschnapsbottle begab ich mich auf den Rückweg. Dieser Kontakt mit dem ehemals so beliebten Kleinkunsthelden ermutigte mich. Denn ab sofort wusste ich, wenn diese ganze Kleinkunst-Selbstausbeutung und -Sklaverei nicht mehr auszuhalten, nicht mehr leistbar war, könnte ich mich immerhin in den tiefen Wald bei Bad Mitterndorf zurückziehen und den Vögeln bei ihren Flügen zusehen. Vielleicht lauschen sie meinen Gedichten und Erzählungen.

# Von der geheimnisvollen vergessenen Kunst des Segnens

Susanne Niebler

Wir neigen dazu, nur das Sicht- und Greifbare wahrzunehmen, vieles in unserem Leben
aber ist unsichtbar, so auch die Erfahrung des Segens.
Segen bedeutet, jemandem oder etwas Gutes wünschen, Gutes zusprechen.
Segen ist Geschenk und Gnade. Ist jemand gesegnet, womit auch immer, ist er beschenkt.
Segen wird erbeten, aber nicht bezahlt Segen kann man nicht erkaufen.

*__Wortherkunft:__*
*hebr. __„berak"__ , auch loben und preisen*
*lat. __signare__ – Zeichen machen*
*__benedicere__ – Gutes zusprechen, auch loben, preisen*

*__Sprichwörter:__*
*Haussegen hängt schief / Geldsegen / Fluch und
Segen zugleich / da liegt kein Segen drauf / sich regen
bringt Segen / sich als Segen erweisen / das muss
noch abgesegnet werden / Segen der Arbeit /
Segen des Schlafes / das Zeitliche segnen.....*

Mit einem Segen ist oft die Hoffnung verbunden, dass jemand oder etwas für und nicht ge-
gen uns ist, dass da eine heilvolle Kraft existiert, die uns begleitet – Gott oder Göttin, Glück,
Schicksal, Fügung, Universum, Energie – wie auch immer wir diese Kraft benennen.
Da ist eine Ur-Sehnsucht im Menschen, gesegnet zu sein. Segen ist jedoch keine magische
Formel und bedeutet keine Glücksgarantie oder weniger Probleme. Und es ist nicht so, dass
nur eine höhere Macht uns Segen schenken kann, auch uns selbst ist es erlaubt, anderen Gu-
tes zuzusprechen oder sie einer höheren Kraft anzuvertrauen.

__Segenssprüche:__
*viel Erfolg / Glückauf / toi toi toi / Gott behüte dich /
Waidmannsheil / viel Glück und viel Segen / Möge die
Kraft mit dir sein / Hals- und Beinbruch...
Auch Ausdrücke wie Grüß Gott, Adieu, Gott befohlen,
Tschüss haben mit wohltuendem Segen zu tun.*

__Segenszeichen:__
*Kreuz / Kerze / Weihwasser /
Handauflegen / Gesten /
Salbung / Symbole /
Rituale....*

Segen ist Balsam für die Seele und verändert die Wahrnehmung.
Schönheit, Glück, Freundlichkeit und Mitgefühl sind eine Form von Segen.
Alles, was wir segnen, kann zum Segen werden.
Und wenn wir beginnen, Menschen und Dingen, die uns belasten, Segen zuzusprechen,
können sich Unmut und Traurigkeit in gute Energien verwandeln.
Segen ist wie ein schützender Kreis aus Licht, ist eine innere Kraft und schenkt uns Heilung
und Erneuerung.

Segen ist bisweilen schwer in Worte zu fassen,
gelingt es doch, so entstehen meist wunderbare
Segensgebete und -wünsche.

*„Mögest du immer einen Blick
für das Sonnenlicht haben,
das sich in deinen Fenstern spiegelt –
und nicht für den Staub,
der auf den Scheiben liegt."*

*(Altirischer Segenswunsch)*

# Biografische Notizen *(zu den AutorInnen dieser Ausgabe)*

### Alberti Lilo
"Schreiben ist Eintauchen in eine Gegenwelt", daher der Autorenname. Zivil Lieselotte Gypser: seit 30 Jahren Kulturbeiträge, Künstlerbiographien, Texte für Kunstkataloge und -publikationen. Leitung von Schreib- und Literaturprojekten, redaktionelle Tätigkeit. Lebt in der Weststeiermark.

### Benaglio Michael
Mitbegründer und Leiter des „Forum Club Literatur" von 2005 bis 2016, Mitgestalter der „Literaturblüten" in Graz (seit 2018), Literaturverantwortlicher des Kulturzentrums Woferlstall, zahlreiche Literaturlesungen seit 2000 im In- und Ausland, zahlreiche Veröffentlichungen in deutschsprachigen und französischen Literaturzeitschriften, Anthologien und Radios, Buchpublikationen, Mitherausgeber der Literaturzeitschrift „Pappelblatt", Chefredakteur der Literaturzeitschrift „Die Feder", literarische Auftritte bei Theaterstücken, experimentelle Zusammenarbeit mit Musikern. Zweimaliger Preisträger der Gesellschaft der Lyrikfreunde. Mitglied im PEN-Club und in weiteren Literaturvereinigungen.

### Boyer von Berghof Helga
Geb. 1948 in Graz, schrieb ihren ersten Roman mit 12 Jahren für Kinder. Kurzgeschichten und Gedichte in div. Zeitschriften. 2007 wurde sie zur „Grazer Botschafterin der Lyrik" ernannt. Schreibt vorwiegend Prosa und Lyrik und malt.

### De La Marre Wentila
Geboren in Neuengland (USA)
Publikationen:
1992 Gedichtband „Herztöne"
1997 „Umarme den Tag"
2000 „Regenlieder" im Verlag für Sammler, Graz
Beiträge in Anthologien, Literurzeitschriften und im Rundfunk.
1998 bis 2020 Vorsitzende der Steirischen Autoren, sodann Ehrenvorsitzende
2005 Goldenes Ehrenzeichen
2020 Großes Ehrenzeichen des Landes Steiermark.

### Furtschegger Wanda
Geboren in Lienz/Osttirol. Studium der Literatur an der Universität Northern Iowa in den USA. Schreibt Gedichte und Kurzgeschichten in mehreren Sprachen. Mitglied des Wiener Künstlervereins "World Art Games Austria", der Steirischen Autoren und des Penclubs in Wien. Gewinnerin des Literaturwettbewerbs in Moscenicka Draga im Rahmen des 5. Internationalen Literaturfestivals. Englischsprachige Beiträge im Buch: Contemporary Art& Artists Edition 2021.

### Glatz Anton Christian
Geb. 1956. Glatz war Kaufmann, Betriebsrat und Unternehmer. Er schreibt seit dem 17. Lebensjahr bevorzugt fantastische Erzählungen, aber auch Essays und Gedichte. Er führt 13 Veröffentlichungen im Angebot. Glatz betreut eine Literatursendung und hält (mit Simone Philipp) Schreibworkshops in der Justizanstalt Graz Karlau ab. Gemeinsam mit der Vorsitzenden Duanna Mund leitet er die Keppelbühne, eine freie Lesebühne.

Er ist Mitglied des Grazer Literaturclubs und der IG österr. Autorinnen und Autoren. Als Schriftsteller fühlt er sich der Fantastik sowie der Gesellschaftskritik verpflichtet. www.antonchristianglatz.at

### Hirzer-Weiß Michaela
Geboren 1974 und aufgewachsen in der Oststeiermark, dabei die Lust an der geschriebenen Sprache und am Bild entdeckt. Später die Frage nach dem Sinn, „der alles zusammenhält". Theologiestudium in Graz. Kolleg für Kunsthandwerk und Design in Kramsach/ Tirol. Verheiratet, zwei Kinder, Krankenhausseelsorgerin.

### Hoch Walter
Geboren 1957 in Kapfenberg, Studium in Wien, Dr. phil. Veröffentlichungen im Reibeisen, Kapfenberger Anthologie, E. T. A. Hoffmann Jahrbuch, Lichtungen, ORF, Radio Helsinki, Behinderte Menschen et al. Herausgeber einer Sammlung von Briefen von Erzherzog Johann und Anna Plochl. Texter und Lektor in einer PR-Agentur in Graz.

### Jursa Elisabeth
Graz. Sechs Buchveröffentlichungen (Sachbuch, Lyrik, Prosa, jeweils mit Fotos).
Zahlreiche Lesungen sowie Publikationen in Anthologien und Literaturzeitschriften im In- und Ausland. Zweimal Preisträgerin der Stadt Triest für Kurzprosa, einmal der Gesellschaft der Lyrikfreunde.
Stellvertretende Vorsitzende der Steirischen Autoren. Mit Lilo Alberti und Michael Benaglio Gestalterin der „Literaturblüten" im Mehrgenerationenhaus Waltendorf.

**Köhler Wera**

In Salzburg geboren und aufgewachsen, dann in Wien gelebt. 1972 nach Graz übersiedelt, mit zweitem Wohnsitz und Rosengarten im Südburgenland. Nach Pädagogischer Akademie 20 Jahre Ausbildungs- und Schulungstätigkeit in der Wirtschaft.
Weiterbildung in Tanz, Schauspiel, Theaterpädagogik. Gründungsmitglied der Theatergruppe INTERact.
Schreiben ist ihre Leidenschaft. Sie scheibt Lyrik, Prosa, literarische Miniaturen Haikus. 2 Literaturpreise, 1 Online Preis. Buch: "Mondwiege"
CD: hänssler Verlag


**Koschak Dietwin**

Geboren 1962 in Bruck an der Mur. Studien: Deutsche Philologie und Philosophie in Graz, Pädagogik und Kunstgeschichte in Wien.
Publikationen (alle bei Edition Garamond): „Die große Reise", ausgewählte Gedichte und Texte, 2006.
Lyrische Prosa: „Das Licht am anderen Ende der Nacht", „Des Caterpillars Echo", „Dreck", „Das Buch vom Vergessen".


**Leitgeb Norbert**

in Klagenfurt geboren, in Graz lebend, Universitätsprofessor der TU Graz i.R., Verfasser von 9 Fachbüchern, zahlreichen Fachbuchkapiteln und über 310 wissenschaftlichen Fachartikeln, publiziert humorvoll-kritische Lyrik und Kurzgeschichten in Literaturzeitschriften und Anthologien, darüber hinaus bisher 27 Bücher, zuletzt den lyrischen Stimmungsaufheller „Aber, Herr Doktor!" und das österliche Buch „Gockelei".


**Maier Bernhard Eduard**

1963 in Graz geboren. Studium der Naturwissenschaften wie Zoologie, Paläontologie und Mathematik.
2014 Veröffentlichung „Philosophie der Schöpfung" in Neuauflage. Beruflich u.a. Fossilienpräparator am Joanneum in Graz, Taxifahrer, Nachhilfelehrer. Betreuung des betagten Vaters. Mitglied der Österreichischen Paläontologischen Gesellschaft.


**Marchner Günther**

hat an der Universität Salzburg ein Studium der Geschichte und Politikwissenschaft sowie weiterführende Ausbildungen in den Bereichen Organisationsentwicklung (Trigon Entwicklungsberatung), Projektmanagement (BIfEB St. Wolfgang) sowie Moderation (ÖSB) abgeschlossen. Er ist als Organisations- und Unternehmensentwickler, Sozialwissenschaftler, Projektentwickler, Moderator und als Universitätslektor tätig, Gründungsmitglied von conSalis und Vorstand des Bad Mitterndorfer Kulturzentrums Woferlstall. Autor zweier Romane, zuletzt: „Das Innere des Landes" (Verlag Anton Pustet)


**Niebler Susanne**

Geboren 1960 in Bad Tölz, ehemals Sozialpädagogin und Kustodin, lebte einige Jahre in Palästina und in der Südsteiermark und nun in einem Kloster. Liebt den Orient, Graz und Jerusalem, Bibliotheken und Museen, Kirchen und Cafés. Schreibt hauptsächlich Lyrik. Versucht Klang + Farben + Poesie zu verbinden und WortKlangBilder zu schaffen.
Diverse Buchveröffentlichungen.


**Ortner Ingeborg Maria**

Geboren in Vorau, seit 1978 lebt und arbeitet sie in Graz. Veröffentlichungen im deutsch und spanisch sprechendem Raum sowie in arabischen und kurdischen Ländern. Publikationen in mehreren Anthologien im Novum Verlag und im Fischer Verlag sowie in der Frankfurter Bibliothek und in diversen Literaturzeitschriften. Sie schreibt Theaterstücke, Erzählungen und Gedichte. Libretto für das Musical „CHE", welches 2002 im Grazer Festspielhaus uraufgeführt wurde. Im Weishaupt Verlag erschien 2008 das Kinder- und Jugendbuch „Bruno, der Bär", 2010 das Buch „Erdenschwer" und 2012 das Buch „Pedro. Eine Geschichte für Kinder" und 2013 „Badal Ravo, der Falke aus Kurdistan". 2017 erschien das Buch "Voll von Gedanken" (Lyrik, Liebesbriefe, Erzählungen + Schauspielstücke)


**Pichler Klaus Wolf**

Geboren in Linz an der Donau, lebt seit seiner Kindheit in Graz. Schreibt Wortbilder über Landschaften, Städte, die Liebe und anderes. Bisher veröffentlicht wurden die Wortbände „Südsteiermark", „Weinviertel" und „Venedig".
Autor verschiedener Sendungen im Kultur-Radio Helsinki.


**Pilipp Reinhold**

Geboren in Nürnberg. Ausbildung und Tätigkeit im technisch-wirtschaftlichen Bereich, Arbeitsschwerpunkt Steiermark. Lehrtätigkeit an der HTBLA, FH, Vorträge und Seminare. Malen/Zeichnen: Autodidakt, Kurse, Workshops, Malerzirkel, Reisen, Teilnahme an verschiedenen Ausstellungen. Literatur: Artikel, Skripten, Übersetzungen, Kurzgeschichten meist von Begegnungen mit Menschen, vor allem auf Reisen zu den Opalfundstellen Australiens.

**Rasser Petra**
Geboren 1968. Liebt Geschichten, seit sie denken kann, außerdem die Natur und die Tiere. Schreibt immer wieder seit dem Alter von zwölf Jahren Lyrik und Kurzgeschichten.
Vorsitzende der Steirischen Autoren.

**Rohrer Peter**
Geboren 1963 in Außerfragant, Kärnten. Volksschule und Gymnasium in Villach, Studium der Betriebswirtschaftslehre in Graz, Angestellter der Raiffeisenlandesbank Stmk. Lebt mit seiner Familie in Graz. Ein wort- und sprachverliebter Familienmensch.

**Srabotnik Bernd**
Geboren 1942, Schauspiel- und Gesangsausbildung, Deutsch- und Musikstudium, Universitätsstudium Psychologie (Dr. phil.).
Schon frühzeitig zu schreiben begonnen. Fruchtbarer Kontakt mit dem Europäischen Verlag, Wien. Zehn Bücher sind bereits erschienen (Lyrik, Romane).

**Stangl Manfred**
Lyriker und zeitkritischer Essayist, führender österreichischer Vertreter der Ganzheitlichen Literatur, die eine bejahende Haltung zu einer demokratiekompatiblen, offenen Spiritualität einnimmt. Seit 2014 Chefredakteur und Herausgeber (gemeinsam mit M. Benaglio) der Literaturzeitschrift „Pappelblatt", Leiter der Edition sonneundmond, zahlreiche Lesungen, Bücher, Beiträge in Anthologien, Verfasser des kulturpolitischen Bandes „Ästhetik der Ganzheit", Mitglied im PEN Club. Lebt im Südburgenland und in Wien.

**Strasser Ute Stefanie**
Erzählt uns ihr Leben in *Feenthal, Thorburg,* und *Gutleut.* Sie pendelt zwischen ihren zwei Heimaten, der großen Stadt am Main und der kleinen Stadt im Oberen Murtal, die sie derzeit flanierend erkundet.

**Suppan Franz**
Besuchte die Lehrerbildungsanstalt in Kainbach, Marburg und Graz. Anschließend im Lehrberuf tätig bis 1987. Lyrische Veröffentlichungen in Zeitschriften, Zeitungen und Anthologien. Zahlreiche Lesungen. Vertonungen von seinen Gedichten durch Karl Fauland, Franz Koringer und Christian Dreo.
Publikationen: Bändchen „Winterblume", „Geliebtes Land", „In meinem Garten ist Stille", „Botschaft der Rose", „Mit sanftem Flügelschlag". Einige Bändchen in Vorbereitung. 1988 Goldenes Ehrenzeichen des Landes Steiermark.

**Svatek Kurt F.**
Seine oftmals ausgezeichnete Lyrik wurden mittlerweile in viele Sprachen übersetzt, darunter alle Weltsprachen. Er ist Vizepräsident der Plattform Bibliotheksinitiativen Wien und war über zwei Jahrzehnte Vorstandsmitglied des Niederösterreichischen und Österreichischen P.E.N.-Clubs, etwa als Schatzmeister und Vizepräsident. Er ist auch Vorstandsmitglied von The Cove/Rincón in Miami. Sein neuestes Buch, der Lyrikband "Das Meer, der Mond und die Zeit", kam anlässlich der BuchWien 2022 heraus.

**Christian Teissl**
geb. 1979, aufgewachsen in der Südsteiermark, lebt seit 1998 vorwiegend in Graz. Autor einer Reihe von Büchern, langjähriger freier Mitarbeiter verschiedener Blätter wie der *Wiener Zeitung,* der *Kleinen Zeitung* und dem *Sonntagsblatt für Steiermark* sowie (Mit-) Herausgeber von Anthologien und literarischen Editionen; Vorsitzender des Österreichischen Schriftsteller/ innenverbandes und Korrespondent der Historischen Landeskommission für die Steiermark.

**Wildbichler Gerhard Ernst**
1959 in Leoben geboren. Nach der Matura am BORG Graz-Hasnerplatz.30jährige Berufstätigkeit bei der Österreichischen Post- und Telegrafenverwaltung (später Österreichische Post AG). Der seit 2003 in der Suchtberatung tätige Autor graduierte 2009 zum "Diplom - Lebensberater" und 2016 zum "Master of Science". Seine schriftstellerischen Schwerpunkte liegen auf Lyrik und Kurzprosa.

**Woi-Paierl Babsi**
Mag. Barbara Woi-Paierl, geboren 1975 in Graz, Kindheit und Jugend in der damals geteilten Grenzstadt Bad Radkersburg/Gornia Radgona. Studium Bühnengestaltung an der Kunstuniversität Graz, Interessenschwerpunkt Physik, Pädagogik, Mathematik, Philosophie, Psychologie an der Karl - Franzens -Universität und TU Graz, Praktika an der Kunstuniversität Wien und verschiedenen europäischen Bühnen…

<u>**Vollständige Mitgliederliste**</u>

Alberti Lilo
Baumgartner Willi
Benaglio Michael
Böchzelt Krista
Boyer von Berghof Helga
Brandstätter Hilde Maria
Büttner Christine
De La Marre Wentila
Eckert Andreas
Eichberger Friedrich L.
Eschenauer Gerald
Feldner Karl
Frieko Eva
Fritz Hannelore Maria
Furtschegger Wanda
Glatz Anton Christian
Grieser Dietmar
Hernach Julia
Hirzer-Weiß Michaela
Hoch Walter
Ithaler Johannes
Jursa Elisabeth M.
Kaiser Gloria
Kaml Ingeborg
Kneissl Peter
Köhler Wera
Kopetzky Kurt
Koschak Dietwin
Krottmaier Gernot

Leersch Marianne
Leitgeb Norbert
Maier Bernhard Eduard
Menzinger Lucille
Misch David
Muhr Doris
Niebler Susanne
Ortner Ingeborg
Paulitsch Frieda
Philipp Simone
Pichler Klaus Wolf
Pilipp Reinhold
Pleschberger Gerhard
Poms Christopher
Presinger Peter
Rasser Petra
Reinprecht Lydia
Rohrer Peter
Rombold Maximilian
Schreiber Walter
Skledar Gabriele
Srabotnik Bernd
Strasser Ute Stefanie
Suppan Franz
Svatek Kurt F.
Ulbl Nadja
Wildbichler Gerhard Ernst
Woi-Paierl Babsi
Zivanovic Svetlana

Hinweise zu allen unseren
Mitgliedern auf der Website:
**www.steirische-autoren.at**

# Höhepunkte des vergangenen Vereinsjahres 2022

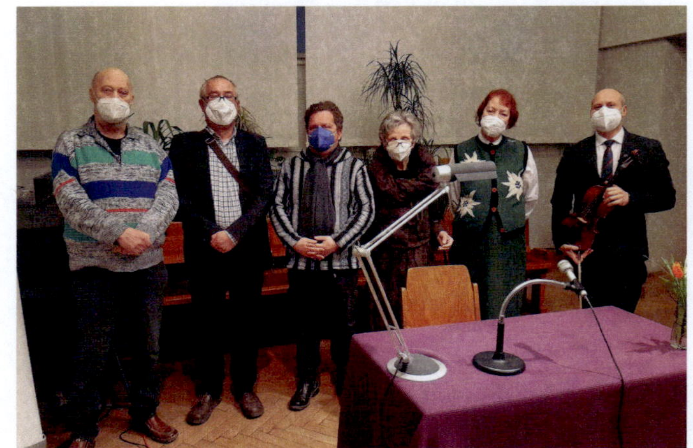

Nach der **ersten Lesung im März,** die kurz nach dem dritten Lockdown statt-fand, konnten alle weiteren Termine nach Plan und ohne Einschränkungen durchgeführt werden.

Die in Zusammenarbeit mit dem Grazer Freundeskreis Max Frisch und anderen Literaturkreisen durch-geführte **„Benefizlesung für die Ukraine"** im Brunnenhof der Grazer Stadtpfarrkirche wurde sehr gut angenommen.

Der **Autorenausflug nach Stainz** Anfang September fand in bester Stimmung statt.

Das **Feder-Fest** war
ein voller Erfolg!

Die „literarischen Spuren" des
**Grazer Stadtspaziergangs** mit
Frau Mag. Sigrid Rahm führten
diesmal durch den Friedhof
St. Leonhard.

Im Dezember gratulierten wir
unserer Ehren-Vorsitzenden
**Wentila De La Marre** zu
ihrem runden Geburtstag.

Als Dankeschön für 20 Jahre
„treue musikalische Begleitung"
wurden dem Violin-Duo **Birgit &**
**Gerald Lackner** „süße" Geigen
und ein Gedicht aus der Feder von
Friedrich L. Eichberger überreicht.

# Wort-
# Foto-
# Komposition

Wenn dann sich wieder Licht und Schatten
zu echter Klarheit werden gatten
und man in Märchen und Gedichten
erkennt die ewgen Weltgeschichten
dann fliegt vor einem geheimen Wort
das ganz verkehrte Wesen fort.

*(Novalis)*